そんなときに、それを悪いことと考えるのか
楽しみながら進むのか
受け止めかた次第で、随分変わることにも気づきました。

私は、いつも笑って前を向いていたいから
どんなときも、気持ちは元気でいようと思います。

私の中の「元気のスイッチ」は
普段の、何気ない暮らしの中にあります。

それは、リビング越しに見える部屋の風景だったり
きれいに磨かれたキッチン、
夫と愛猫と過ごす他愛もない時間だったり。

今まで積み重ねてきた、なんでもない暮らしの「かけら」に
いつも勇気をもらっています。

DENMARK
YOGURT

そんな風に、日々を重ねながら
私も五十代になりました。
時折、揺れる自分と素直に向き合いながら
それでも笑顔で進めたら
これからも楽しく、歳を重ねられそうです。

この本を手に取ってくださった皆さまの暮らしにも
たくさんの素敵な「かけら」が
積み重なっていきますように。

内田 彩仍

重ねる、暮らし　目次

3章　家族で囲む食卓

4章　私らしく装うこと

5章　人と重ねる時間

1章

好きな暮らしの整えかた

ダイニングから見た眺め。昼を過ぎた頃から、斜めに明るい光が差し込んで、部屋全体がきらめきます。

座った場所から眺める部屋

今のマンションに住み始めて、二十年ほど経ちました。夫婦ふたりと愛猫のクリム、六十平米あまりの仕切りのない部屋に暮らしています。時折「もう少し広いところに、引っ越さないの?」と言われることもあるけれど、私には、この広さがちょうどよく。この小さなわが家で大切にしていることは、風通しのよさ。いい日も悪い日も家族で共有できるように。〝家族がそばにいてほっとする〟そんな住まいが理想です。そうはいっても、ときにはけんかして逃げ場がなく、ちょっと後悔することもありますが……(笑)。それでも家族の気配が感じられ、部屋全体を見渡せる、この空間が気に入っています。

住み続けながら、家で仕事もするようになりました。家にいる時間がとても長いから、よくいる場所からの眺めも大事にしています。座った場所からの眺めが好きだと、ちょっと弱った日でも、ふと見渡すだけで心が緩むよう。その空間に、小さな花が飾ってあるとか、好きな器を置いているとか、ささやかなことでいいのです。花や雑貨をしつらえたり、クッションカバーを作って季節の色に合わせてみたり。好きな眺めを更新しながら、自分なりに気に入った場所をいくつか用意。見慣れた雑貨も、飾りかた次第で雰囲気が変わって見えるから、好み通りに飾れたら、ほんのりうれしくて。家で過ごす毎日の、いい気分転換になっています。

そんな部屋を保つために心がけているのが、「ちょっとだけ片付ける」こと。眠る前に部屋を元通りに戻したり、朝、埃《ほこり》をはらって掃除機をかけたり。この「ちょっとだけ」を積み重ねて、日々気持ちよく過ごせるよう工夫しています。

ソファから見たダイニングの眺め。
棚の上には北欧の器とともにその
時季に合わせた花を飾っています。

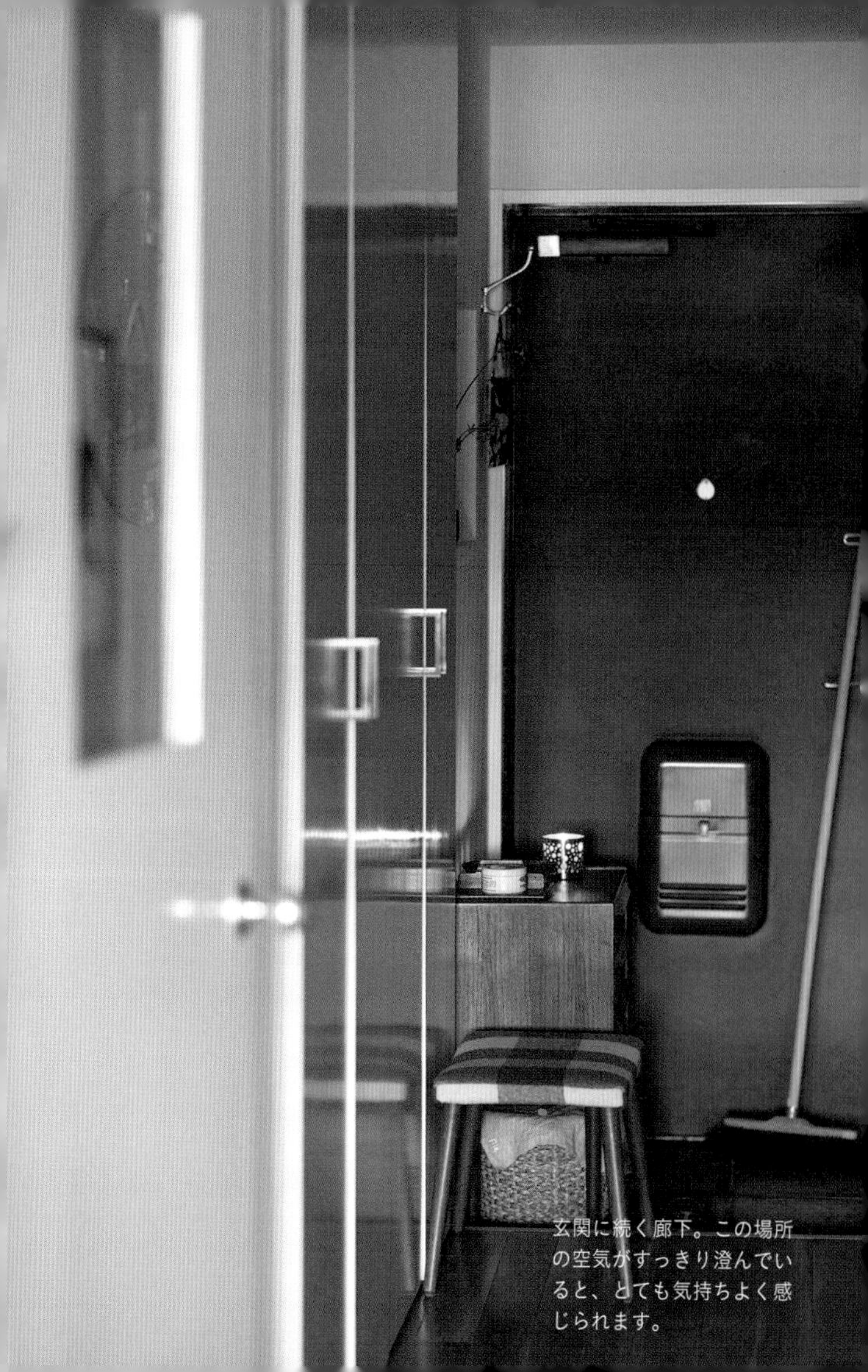

玄関に続く廊下。この場所の空気がすっきり澄んでいると、とても気持ちよく感じられます。

玄関はいつもきれいに

玄関を開けるとリビングまで廊下が伸び、その先にベランダがある、マンションらしい間取りのわが家。家に帰ってドアを開けるとぱっと広がるベランダまでの眺めが、気に入っています。玄関はベランダからの心地よい風が通り抜ける場所。散らかっているともったいない気がして、いつもきれいにしておくよう、心がけています。

出入りするときも、部屋を行き来するときも、玄関は必ず目に入る場所だから、つい忙しく、宅配便などが置きっぱなしになっていると、なんだかそわそわします。ただでさえ、狭い玄関は、乱雑に見えてしまいがち。整っていないと、じわじわと部屋全体が乱れてしまいそうで(笑)。来た荷物はすぐにその場で開けて、ゴミが落ちていたら、さっと掃くようにしています。雨が降った翌日には、外のポーチも、埃をはらって水拭きして。ひとつひとつは、ほんの数分で済むから、気づいたらすぐに掃除できるよう、ここで使う掃除道具は、玄関先に用意しています。

わが家の玄関には、もうひとつの顔があります。出かける前に、身支度の最終チェックをするところ。玄関脇に置いた小さなチェストから、ハンカチを持ったり、エコバッグを選んだり。忙しい朝も、さっとその場所で準備して出かけられます。

玄関は、人を迎えたり、送り出したり、何かを受け取ったりする、「出会いの場所」でもあります。だから、気持ちよく迎えられるよう、いつもきれいに。玄関が整っていると、私の気持ちも明るくなるから、どんなときも顔を上げて笑っていられるよう、「今日もきれいに」と思うのです。

玄関脇にあるチェストには、ハンカチやエコバッグ、ミニバッグを収納。エコバッグは、友人に手土産を渡すときにも重宝します。

狭い場所だから、色が氾濫するとどうしても乱雑に見えがち。色数の多い傘を収納するために、白い扉の中に収まる傘立てを作りました。

玄関横にある収納庫には、植物の植え替え用の土やガーデングッズを収納しています。根菜を箱ごといただいたときにも、ここに保存。

玄関のたたきを、いつもきれいに整えられるよう、気づいたときにさっと拭くためのウェスをバケツの中に入れ、玄関先に用意しています。

玄関外の小さな椅子は、靴ひもを結んだり、鍵を開けるときに荷物を置いたり。ハワード社のフィーデンワックスで定期的にメンテナンス。

壁のニッチで季節を感じる

玄関を入ってすぐの壁に、小さなニッチがあります。四十五センチ四方、奥行き十二センチほどの小さな空間。家の中に季節を感じる場所をと、リフォームをしたときに作ってもらいました。狭い玄関を少しだけ削ることになりましたが、ニッチは昔から憧れだったので、迷うことなくお願いして。季節の花を飾ったり、クリスマスにはリースをしつらえたり。お正月には手製のしめ飾りを吊るし、歳神《としがみ》さまをお迎えして……。友人から育てたユーカリをもらったときにも、無造作に束ねて飾ったら、爽やかな香りが、夏のいい暑気払いになりました。このニッチのおかげで、四季折々の風情を家でも楽しんでいます。

ちょっと立ち止まって、小休止したいときや、忙しくて焦ってしまうとき、時折、気持ちを整えるために、模様替えをすることがあります。

無心になって飾り替えるには、このニッチくらいの大きさがちょうどよく。季節を感じながら飾り終えると、いつの間にか気持ちもすっきりしています。

眠る前には、水まわりへの道しるべとして、ティーライト型のLEDキャンドルを、ガラスのキャンドルホルダーに入れて灯《とも》します。これのおかげで、夜に廊下の灯りをつけなくても大丈夫。夜中に目覚めても、眠気を解かれることなく、やさしい灯りに包まれます。

ニッチは柔らかな雰囲気になるよう、珪藻土《けいそうど》仕上げにしました。わが家の大切な場所だから、いつもきれいに保てるよう、毎日ここから掃除を始めます。この場所があるだけで、特別な感じがして、ふんわり心が浮き立つのです。

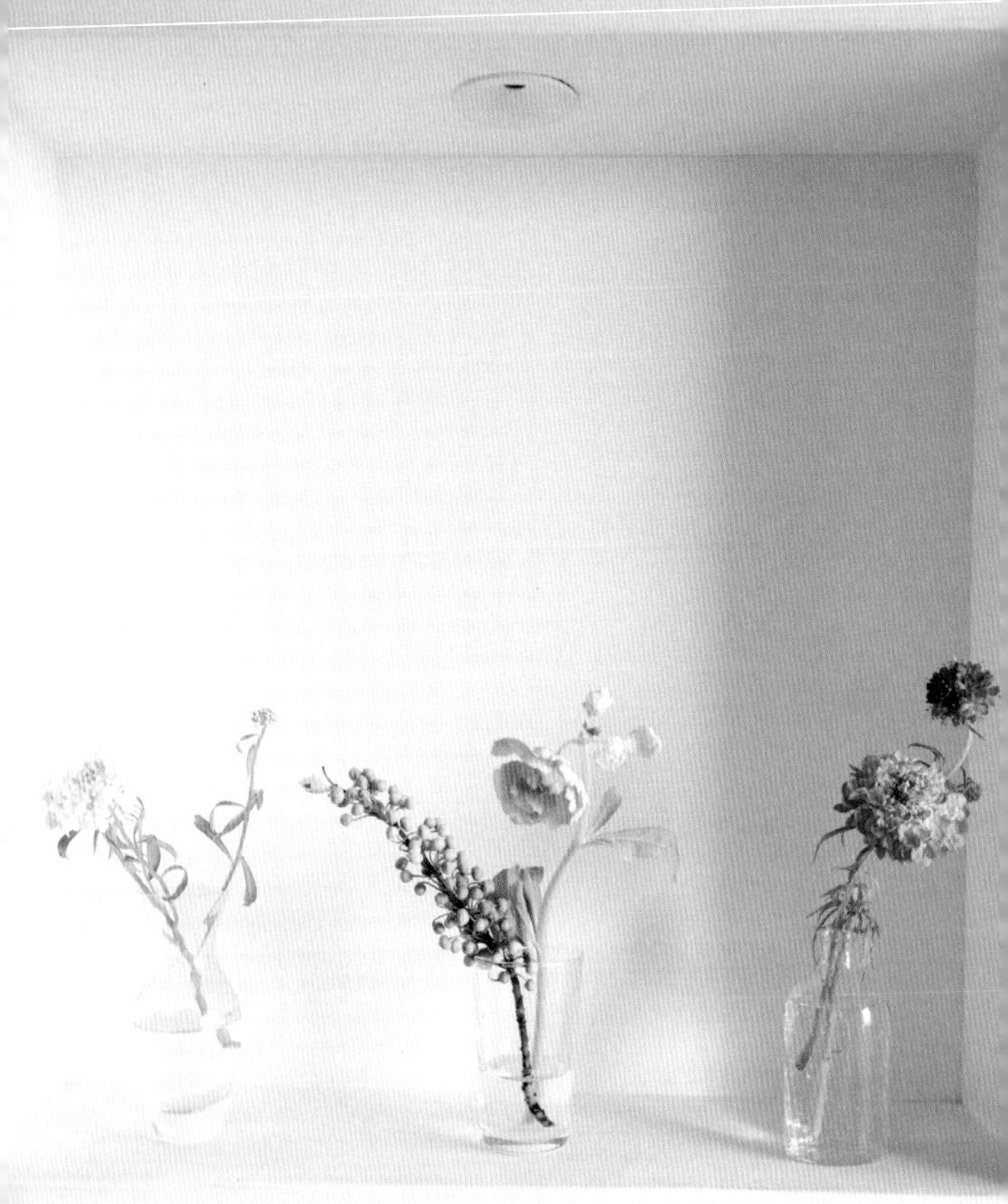

春は色とりどりの草花が揃うから、
色合わせも楽しみに。右から、ギリアとスカビオサ、ストックとアオモジ、キャンディタフト。

クリスマスには、春に取っておいた桜の枝に、ベランダにあるシルバークレストの小枝をグルーガンで貼りつけ、トピアリーを作りました。

お正月は南天の葉や松葉を束ねて。毎年手作りするしめ飾りは、この年には、花言葉が「新生」のユーカリポポラスを合わせました。

家事はそのつど

自分でも驚くけれど、かれこれ三十年近く、家事をしています。私にとって家事は好きなこと。寝不足で「今日はやりたくないなぁ」と思う日も、やらないとかえって落ち着かないから、自分でここまでと決めて、やるようにしています。

なぜ家事が好きなのかと考えていくと……、答えはシンプル。手を動かすだけで、きれいになったり、ピカピカになったり、おいしそうに食べてもらえたりするのが、うれしいのです。ひとつ終えるごとに、気持ちもすっきりして、また次、次と前に進みたくなります。部屋中が整うと、なんでもできる気になるから、私って単純ですね(笑)。

長年続けているからか、私なりの家事のリズムもあります。洗濯物は取り込んだときにアイロンをかける。毎日掃除の最後には、絨毯《じゅうたん》などの布ものにコロコロをする。水まわりの水はねは、その場で拭き取る。そんなちょっとした積み重ねを、繰り返しています。家事は、少しでもため込んだり、後回しにしたりすると、その場でやるよりもうんと億劫《おっくう》になる。だからなんでもそのつど。一、二分でできることから、三十分ほどかかることまでいろいろ。もし、億劫に感じる日は、いつもの順番を変えてでも、数分でできることから始めると、さっさと終わって楽しくなる。これが、私の家事を好きでいられるコツだと思っています。

シンクをきれいに磨いたり、ゴミをまとめたり、そんな小さなことでも、やれば終わるから、「よし！」と気分が上がります。心配ごとがあるときや、ちょっと不安なときも、目の前の家事をこつこつやっていると、そのうちに気持ちが整って、うーんと心が軽くなります。

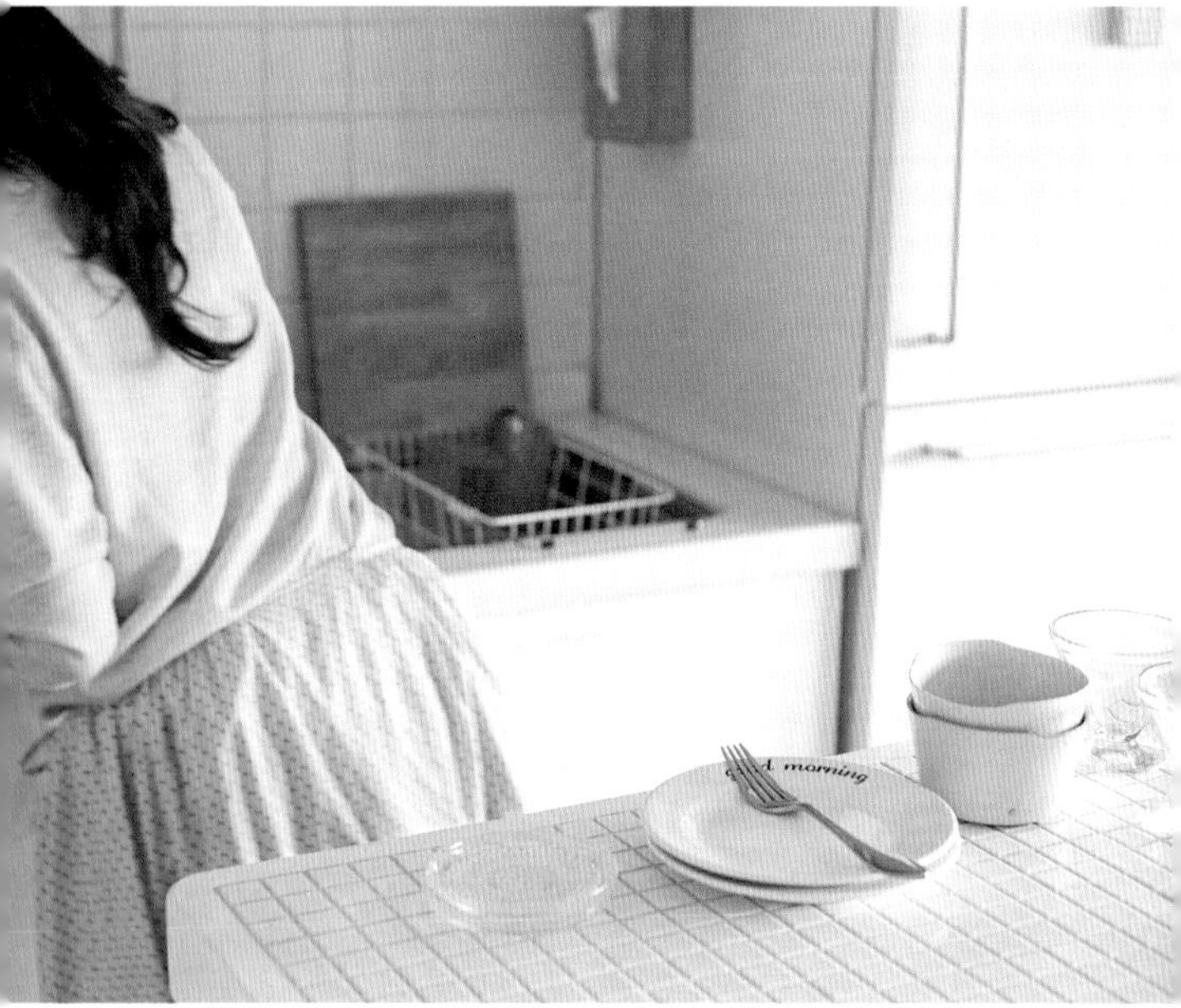

洗い終えた食器は、水切りかごに置いておき、ある程度水が切れたら、次の食事を作る前までに、白い布巾で磨いてから棚に戻します。

家事をするときのエプロンは、清潔に使えるよう、水玉は料理、白はベランダ仕事や掃除、ベージュは洗濯と用途を分けています。

アルコール度数が違うものをいくつか揃えて。キッチン用にはボトルがおしゃれなジェームズマーティンのスプレーを。いつも厚手のペーパータオルを使っています。

こまめに除菌で清潔に

水拭きだと菌を広げるだけという話を聞き、テーブルやキッチンなどは、使ったらそのつど、アルコールスプレーを吹きつけてから拭いています。いつも清潔にしておくための習慣です。

食事に使う白木のトレイやテーブルは、アルコール度数が低いものを使い、さっと拭いて。

「ドーバー パストリーゼ77」は食品にも使えるアルコール。皮ごと調理したい果物などにも。

水まわりにはハンカチをいくつも

水まわりは、使ったあとにさっと拭く、これが習慣になっています。洗面台は清潔なほうが気持ちいいから、ほんの数秒のことで、水栓金具もいつまでもきれいなまま使えます。

化粧品の梱包に使われていた、今治タオルの残糸ハンカチ。吸水性がいいので、水まわりの掃除用としてストック。さっと拭いたら、そのまま洗濯かごへ。

水やりの前にベランダを掃く

小さなベランダを、いつも眺めていたいから、水やりをする前に、さっと掃いています。枯れ葉やゴミを取っておくと、葉につく害虫除けにもなるから、ベランダも私の心持ちもすっきり。

水やりは、掃くときにそれぞれの植物の様子を見てから、あげるようにしています。夏場は毎日、それ以外は2、3日に1度あげています。

筆でとんとんと叩くように塗って。片付けも含め5分ほどで終わります。

建具のキズはペイントで隠して

わが家の建具は、ほとんどが塗装仕上げだから、気づかないうちに、剥げてしまっていることも。放っておくと広がってしまうから、こまめにさっとひと塗りして補修しています。

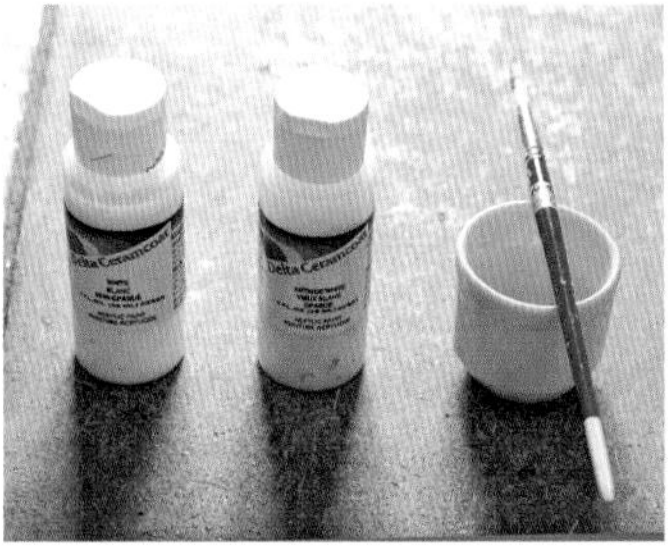

トールペイント用のアクリル絵の具デルタセラムコート。アンティークホワイトとホワイトの2色を混ぜて使っています。

霧吹きの中にはスムーザーを。のりほど硬くなく、シャツの襟やテーブルクロスもパリッとしわなくきれいに仕上がります。

洗濯物はしまう前にアイロンをかけて

しわ伸ばしをして干した洗濯物も、乾く頃には細かなしわが目立つように。次に着るときに気持ちよく着たいから、しまう前にアイロンをかけておきます。

重曹と酸素系漂白剤の粉末を同量混ぜ、42℃くらいのお湯に溶いてつけ置きしてから洗うと、驚くほど黒ずみ汚れもきれいに落ちます。

洗面所の隅に専用ケースを置いて、掃除用具をひとまとめ。立てたまましまえるから、さっと取り出しやすく。

大きな掃除道具は洗面所にまとめて

毎日使う掃除道具は、人目につきにくい洗面所の隙間が定位置。髪の毛などが落ちやすい水まわり。気づいたときにさっと取り出せる場所に置いておくと、すぐに掃除ができるから、便利です。

長年使っている掃除道具は、頼りになるすぐれもの。レデッカーの隙間ブラシ(左から2番目)は、家具やパネルヒーターの埃取りに。

棚や本、照明などの埃もこまめに取って。から拭きには、埃や髪の毛などがきれいに取れるウェーブ ハンディワイパーが大活躍。友人にもすすめています(笑)。

小さな掃除用具を手の届く場所に

ちりや埃を見つけたら、その場で掃けるよう、小さなブラシとちりとりを用意しています。普段あまり気がつかないところの埃も、さっと毎日取っておくと、次の掃除が面倒になりません。

小さな掃除セットは、ここに越してきたときに見つけたもの。すぐに掃除できるよう、いつもリビングの隅に置いています。

Made
in
Germany

よく使う調理道具を入れたガラスの器は
IKEAのもの。厚手で割れにくいから、
たくさん詰め込んでも大丈夫。汚れたら、
中身をどさっと出して、さっと洗います。

暮らしの整理整頓

収納は、片付けたくなるよう、かわいく見えることが一番大事だと、ずっと思ってきました。けれど、この頃は「やっぱり使いやすさが大切」と思うようになりました。収納する場所は、家族も使う場所だから、誰が見てもわかるように。もう少し歳を重ねたら、助けてくれる誰かが来てもわかりやすいように。そのほうが、お互い気を遣わずに過ごせると思います。だから今は、使い勝手を優先しながら、少しだけかわいさの残る、そんな収納にしようと考えるようになりました。

キッチンは、毎日立つ場所だから、気持ちよく使えることを大事に。お玉やキッチンばさみ、菜箸など、頻繁に使うものは、ガラスの器に立てています。私には、しまい込まないほうが、ぱっと取り出せて使いやすいのです。収納しているガラスの器も気に入っていて、汚れを見つけやすく、さっと洗えるから、いつも清潔に保てます。

私は、ちょっと堅物で、「とりあえず」や「まあ、いいか」という言葉が、なんとなく苦手でした。そうすると、たがが緩みっぱなしになりそうで(笑)。かといって、隙がないと、なんだか暮らしが窮屈になる気もします。そこで、「とりあえず」の場所を作ることに。帰ってきたらすぐに家事ができるよう、上着やバッグをかけておく場所を作ったり、行こうか迷っている展示会のDMや、メモなどを入れておく、レターケースを用意したり。そうすることで、慌てずに進められるから、考える余裕もできてうんとラクになりました。今は、素敵で便利な収納道具がたくさん。その中から、取り出しやすく、しまいやすい、わが家に馴染む収納を考えるのも、楽しい時間です。

昔はリビングボードの上から、使うたびに運んでいた裁縫箱。今はすぐに使えるように、作業テーブルの上に置いています。

ものは取り出しやすく、しまいやすく

日に一度は使う、裁縫箱やメイク道具は、使う場所でラクに出し入れできるのが一番。細かいものばかりだから、収納道具の力を借りて、いつもきれいに整えられるよう、心がけています。

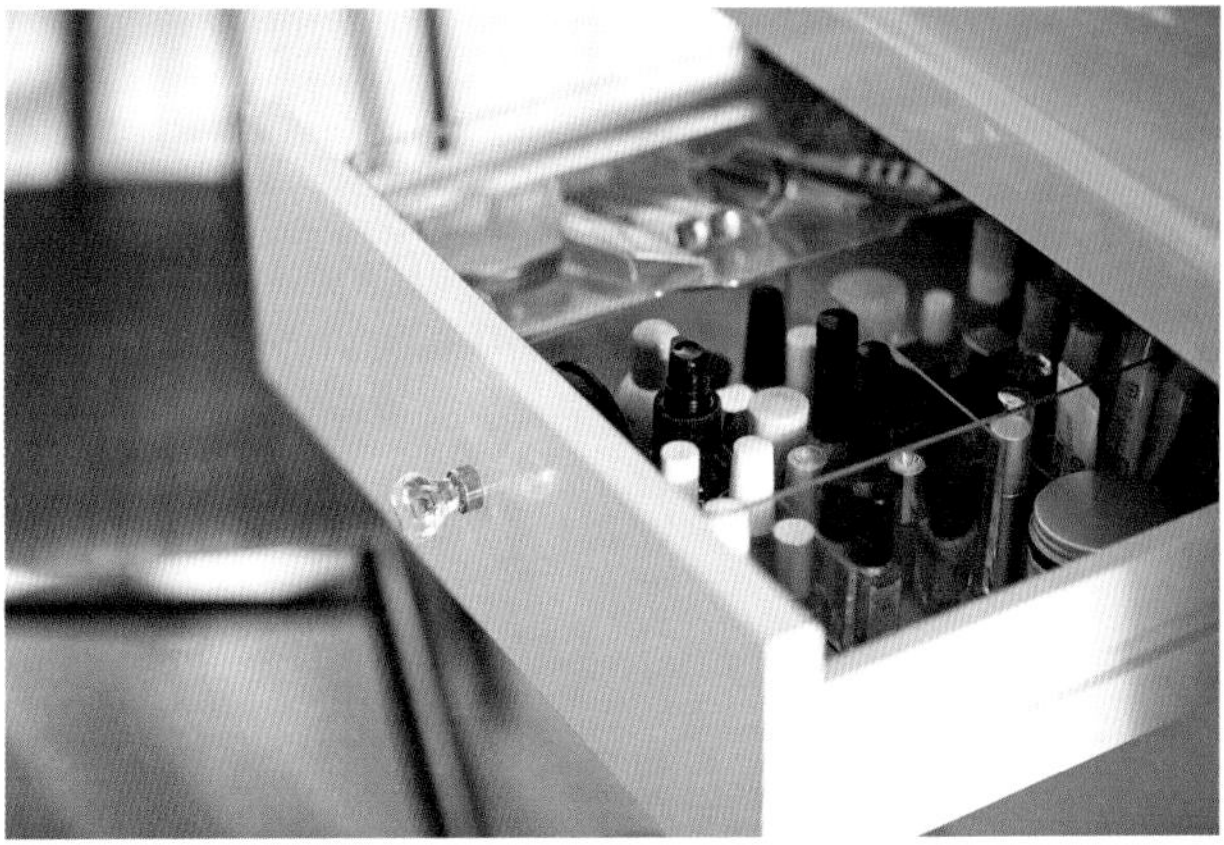

鏡台の引き出しにIKEAの仕切りを入れ、メイク道具を立てて収納。
化粧品を入れると汚れやすいので、ケースを洗えるのも便利です。

コットンや綿棒などもIKEAのケースを使って整理して。ふたつき
なので、埃も入りにくく、中身もわかるすぐれもの。

よく使う付箋やメモなどは、IKEAの引き出しに。トレイごと引き出せて、取り出しやすく、コルク敷きなので、中身がすべらず便利です。

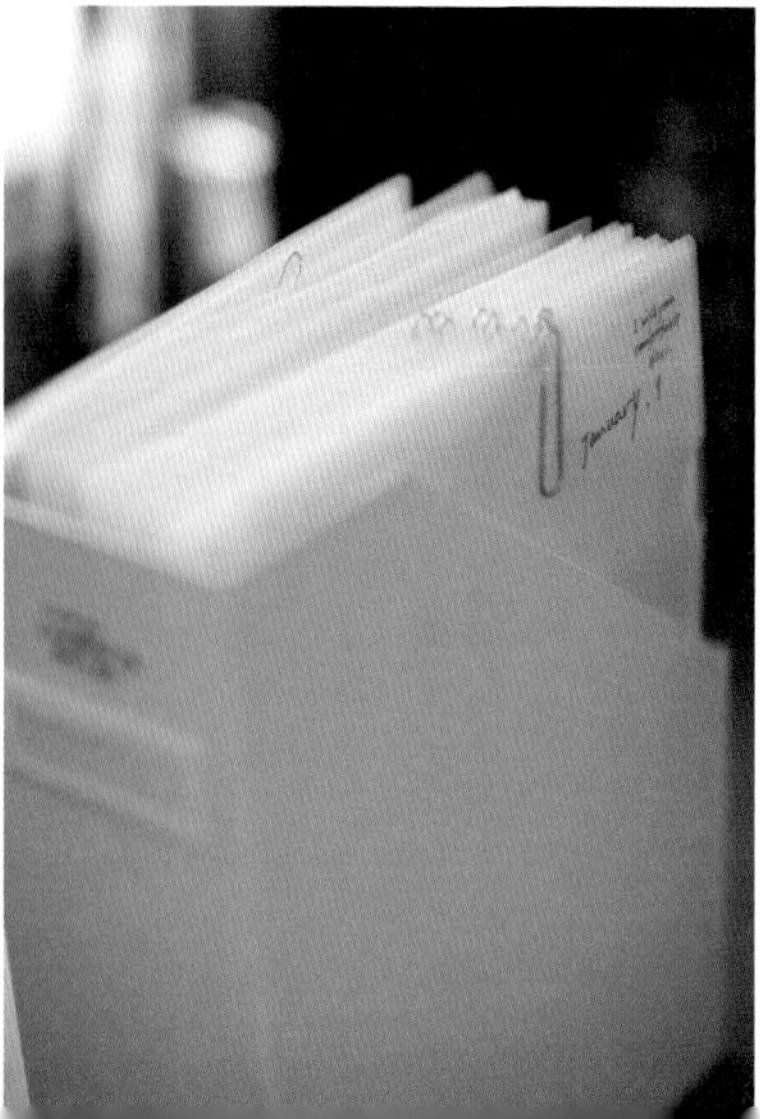

書類は「置く場所」を決める

ワークスペースの棚には、仕事の資料や説明書などの紙ものをしまっています。書類入れは、だいたいサイズが決まっているらしく、パズルのように組み合わせて収納しています。

領収書は、クリアファイルを1か月ごとに分けて1年分先まで作っておき、その中に入れて。

ダイニングから見え
この眺めも好きで、
納ケースを揃えたり
色を合わせたりして
きれいに見えるよう
夫しています。

ラベルつきの丈夫な箱は、中身がすぐにわかるから重宝しています。
本の原稿や、バッグや洋服の型紙、年賀状などを入れています。

一旦しまってから見直す

手紙や写真、仕事の原稿などの紙ものは、一旦箱に入れておき、一年ごとに見直します。そのときに、いらないものは処分して、必要なものは、また翌年見直すようにしています。

家事で使うものはすべてひとつの棚に

キッチンとリビングで使う家事の道具は、キッチンの向かいにある、収納棚に入れています。アイロン、キッチンで使うタオル、新聞を束ねるひもなど。なんでもここで調達しています。

キッチンの向かいの棚には、食材を小分けにするときにも使うセロテープや、アイロンなどの家事道具全般をしまって。家事もしやすく、少しかわいい収納がポイント。

靴は下駄箱に入るだけ、と決めています。竹炭の入った消臭バッグと、靴の修理をするときに使う道具箱(p.189)も一緒に収納して。

靴とバッグは近くに

服を選ぶときに、いつも靴とバッグの色合いを合わせます。今日は歩くからこの靴とか、荷物が多いから軽いバッグにしようとか。さっと決められるよう、いつも近くに収納しています。

革のバッグは形が崩れないよう、かけて収納して。ジュストカンパーニュのバッグは使いやすく、今も変わらず使い続けています。

リビングのチェストの下にあるかごには、新聞やチラシをためておき、いっぱいになったら、資源回収に出して。

とりあえずの場所を作る

最近買った家電の説明書や、雑誌の切り抜きなど、ちょっと保留にしておきたいものは、とりあえず。引き出しの中身がいっぱいになったら整理する、そのくらいで考えています。

よく見る説明書、相談しようと思っている保険の書類などを、一旦ここに入れておき、使わなくなったら整理します。

帽子などをかけるように作ったラックは、外から帰ってきたら、すぐに家事ができるよう、上着やバッグの一時置き場にもしています。

ときには暮らしを見直して

日々の暮らしのあれこれは、いいなと思うことを見つけたら、迷わずやりかたを変えています。家事も暮らしも、自分自身も、変化していくほうが楽しいから、以前決めたことにとらわれずに、よりよい方法にアップデートするようにしています。「こんな風に暮らしたい」と思っていても、それが自分たちに合わなくなることもあります。違うかな？　と感じたら、潔く方向転換。暮らしながら、そんな柔軟さも、ときには必要だと感じるようになりました。

以前は、木製のダイニングテーブルにグラスの輪じみがつくのが気になり、グラスには必ずコースターを敷いていました。そんなときに偶然、割れにくそうな脚つきグラスを見つけ、使い始めたら、水滴が垂れにくいことがわかって。それからは、慌ただしい朝に使うグラスは、このグラスの大小を使い分けています。

薬の置き場所も、最近変えたことのひとつです。薬は全部ひとつの引き出しにまとめていました。けれどお風呂からあがったときに塗る薬や、怪我をしたときの道具など、移動できたほうが使いやすいものは、気に入った薬箱を用意して、持ち運びできるようにしました。

昔は、暮らしのルールを決めたら、それに沿って物事を進めていきました。当時は家事に慣れていなくて、そんな決まりがあったほうが、生活しやすかったのだと思います。暮らしは、完成を目指すのではなく、きっと手入れをしながら育てていくようなもの。そうやって毎日を紡ぎながら、そのときの自分が暮らしやすいほうを選び、どんどん更新していけばいいのだと思うのです。

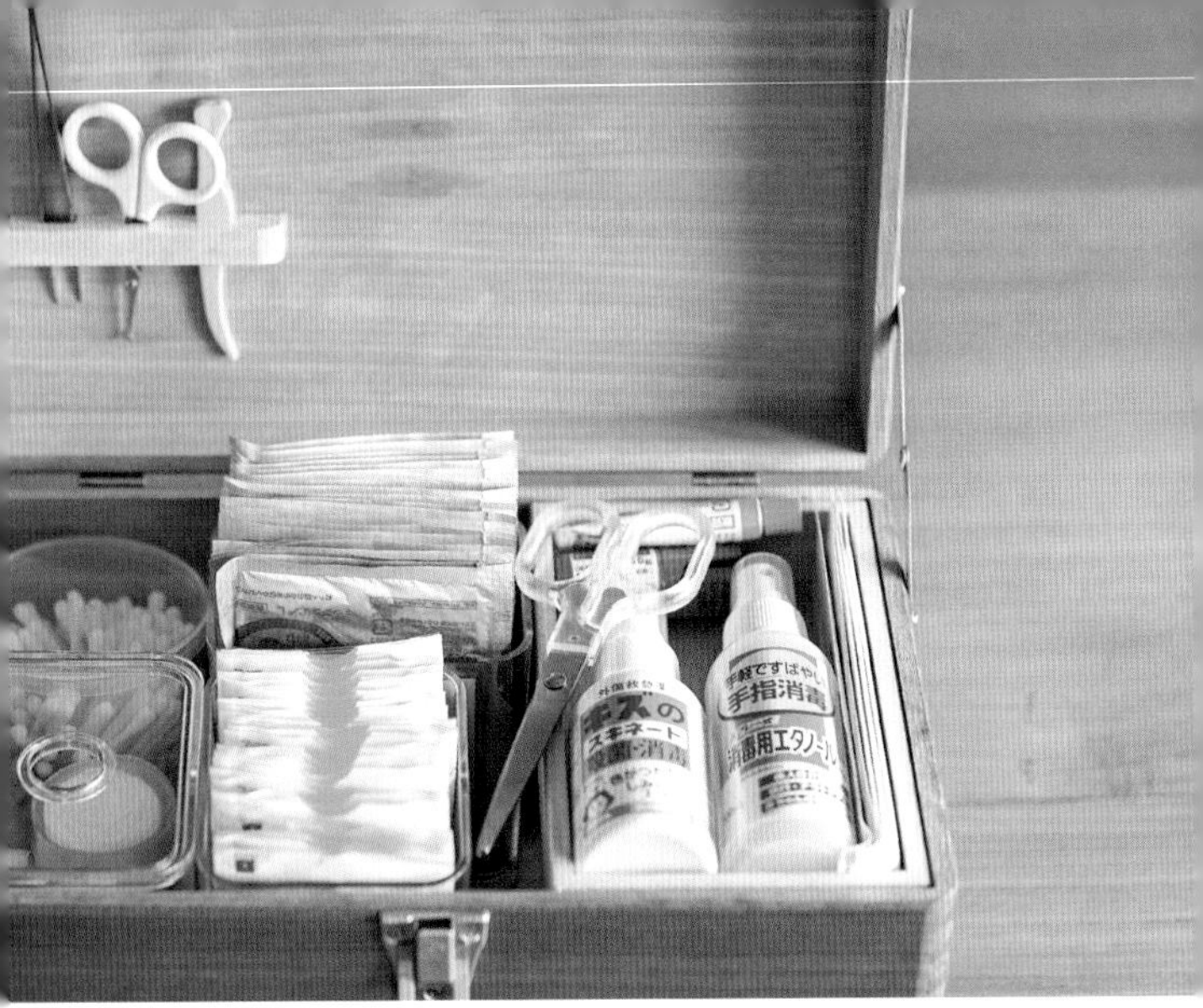

塗り薬、怪我の手当てに使う消毒液や包帯、綿棒などは、薬箱の中にまとめて入れておけば、使うときに持ち運びできて便利です。

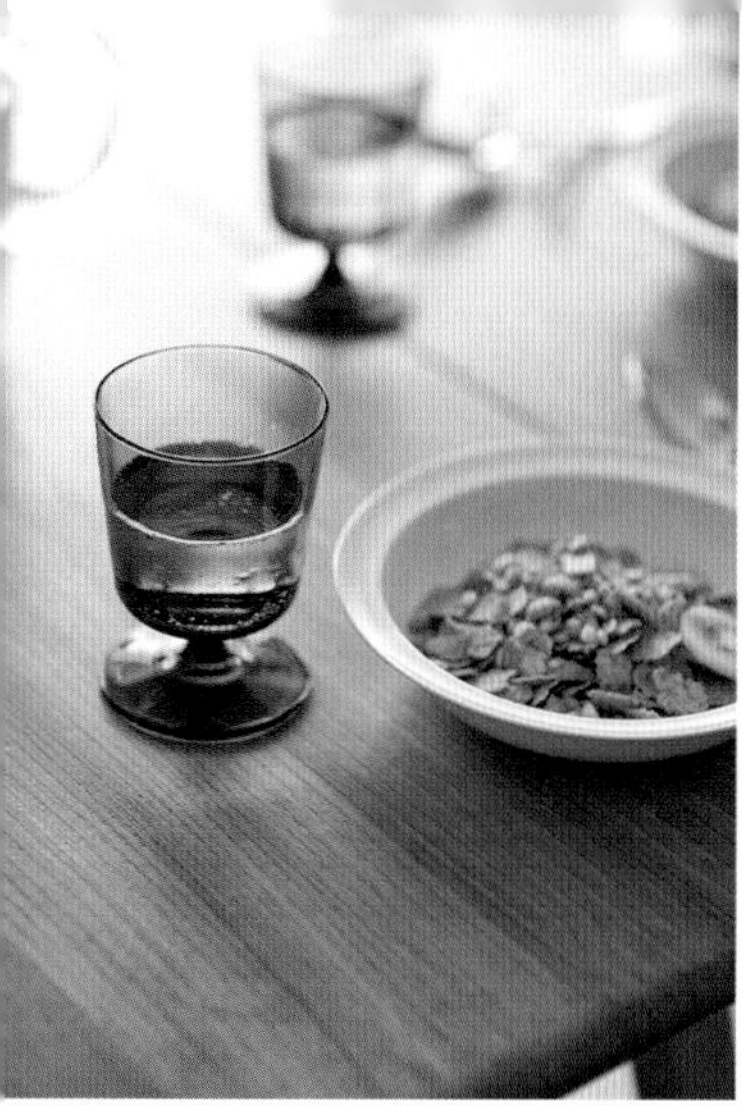

リーズナブルで丈夫なIKEAのワイングラスは、水を飲むときなどの普段使いに。脚つきだから、水滴が落ちにくくコースターいらずです。

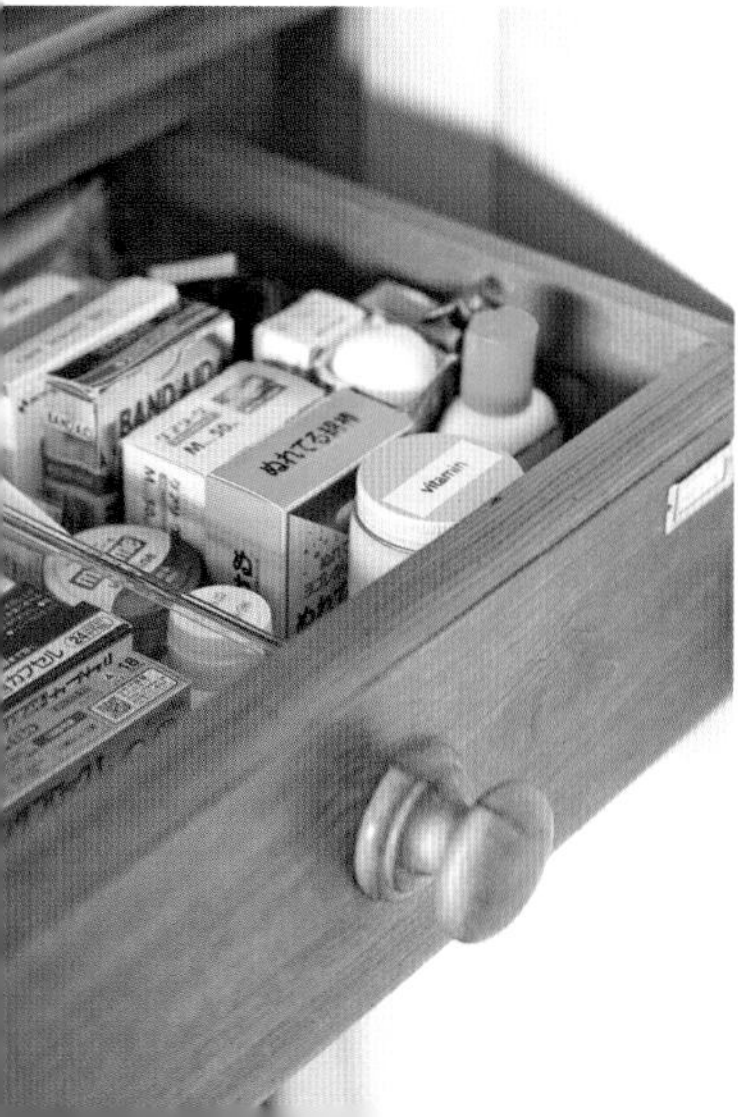

風邪薬やビタミン剤、ばんそうこうなど、ほかの薬類は引き出しの中にまとめて。飲むときに説明書きがわかるよう、外箱のまま収納しています。

人を迎える香り

長く同じところで生活していると、気遣っていても、その家独特の匂いがあると思います。友人が来たとき、ご近所さんが回覧板をまわしに来られたとき、気持ちよく迎えたいから、ふわっと心地よく香る、そんな家になればと。毎日、部屋中にさっと風を通したら、玄関先でアロマキャンドルを灯したり、リビングでもふんわり香るキャンドルを焚《た》いたりしています。

ずっと以前から、アロマキャンドルは好きで、自分のために、ちょっと特別な心持ちで灯していました。ボトルがきれいなものや、オブジェのようなもの。そんなものばかり選んでしまうから、使ってしまうのが、もったいない気がして、いつも気兼ねなく使えるものがあればと、思っていました。そんなとき福岡のＩＫＥＡで、以前好きだった香りに似た、グラスキャンドルを発見。ひとつ八十円ほどと手頃な値段だから、これなら思う存分使えます。キャンドルの色も白くて、インテリアにも馴染むから、IKEAに行ったときは、ことあるたびにキャンドルをどさっと大人買い(笑)。いつも切らさないようストックしています。

昔は苦手だったバニラの香りのキャンドルも、ストックするように。売り場で少しかいでみると、不思議と心地よく感じられました。ほんのり甘い香りにほっとするのです。調べてみたら、バニラには気持ちを落ち着かせる効果があるよう。年齢とともに、好きな香りも変化していくのだと実感しました。

香りは、気持ちを切り替えてくれる小さなスイッチになっています。人のためにも、自分のためにも、柔らかな気持ちで過ごせるよう、ちょっとした心遣いです。

宅配便の方やお客様が来られたときに、ドアを開けてふんわりと香るように、玄関先にあるチェストの上にキャンドルを置いています。

ダイニングのテーブルの上にキャンドルを置いて。家で家事や仕事をしているときにも、やさしい香りで、心が明るくなります。

いつも買っている、IKEAのOMTALADと、
バニラの香りのSINNLIG。取り出しやすい
よう、かごに入れてストックしています。

2章

いつもの気持ちの整えかた

奥行き1m、横は6mちょっとの小さなベランダですが、窓が全面に広がり、カーテンを開けると、ベランダの隅々まで緑が見渡せます。

草木と共生する暮らし

物心ついた頃から、祖父がよく庭の手入れをしていたから、草木のある暮らしが日常でした。淡いピンクの大輪のバラが咲いたときは、子どもながらに、すごいなぁと眺めて。身近なところに自然が溢れる場所で育ってきたから、今のマンションに越してきてすぐに、ベランダに鉢を並べ、いろいろな種類の草木を植えました。

日々、タイミングを見計らいながら、水をあげたり、肥料を混ぜたり。もしかしたら「緑を眺めるのが好き」というだけでは、草木は育てられないのかもしれません。大げさだけれど、毎日を一緒に共生していこうと、やさしい気持ちで見守ることが必要だと。春から夏にかけて、目を楽しませてくれた可憐な花も、寒くなる前に剪定して、少し株を休ませます。そのときは、冬枯れした鉢を置いているようで、寂しくもありますが、次の春を心待ちにして大事に手入れを続けています。レインコートを着て、台風の中を取り込んだり、手袋とマスクで、虫と戦ったりすることもあるけれど、それ以上に、私はこのベランダに助けられていて、緑の力をたくさんもらっています。

「いつも目に入る場所の八十パーセント以上に緑があると、気持ちが落ち着く」と、人から聞いたことがあります。それを私が一番実感していて、ちょっと疲れたときは、ぱっとカーテンを開けてダイニングの椅子に座り、ただただぼーっとベランダを眺める。それだけで、ゆるゆるとほぐれて、次の力が湧いてきます。文章を書いていて、言葉選びに行き詰まったときにも、気持ちに合った言葉がふっと思い浮かんで。緑が身近にあるだけで、心が緩んで、自分の気持ちにも素直になれるようです。

リビングに置いているウンベラータも、8年を過ぎ、日当たりがいいのか、ぐんぐん伸びて、天井を覆うほど成長しました。

ガーデングッズは使い勝手を考えて選んで。
毎年3月に手入れする植え替え用の土は、
残ったら保存袋に入れて日が当たらないよう、玄関脇の倉庫に収納しています。

大人の所作

食べかたには、その人らしさが出るような気がします。普段ほとんど外食をしないので、たまに外で食事をして、食べかたがきれいな人を見かけると、悪いなぁと思いつつ、こっそり見入ってしまいます。あるとき、旅先で食べ姿がとても美しい女性に目が留まりました。金髪の長い髪が素敵な外国の方。スプーンやフォークの使いかたがなめらかで、口に運ぶ仕草もとてもきれい。普通に食べているのに、動きやたたずまい、すべてが美しくて本当に素敵だったのです。

その方のようになれたらと、これを機に、カトラリーを選び直すことにしました。その頃、家で使っていたナイフとフォークは、使い勝手ではなく、見た目の好みで選んだもの。だから、どんなものが使いやすいのか、まずはカフェやレストランなどで、実際に使ってみて確認して。いろいろと使ってみるうちに、少し重たいもののほうが使いやすいことや、きれいに食べるためには、持ちやすさも大事だと気づきました。そうして選んだのは、GENSE(ゲンセ)というブランドのもの。あとで調べてみると、スウェーデン王室御用達の老舗カトラリーメーカーのものでした。何気なく選んだものが、好きな北欧製だったことも、ちょっとうれしく感じました。

普段の食事では、早くカトラリーに慣れるよう、朝ご飯は、必ずナイフとフォークを使って食べるようにしています。テーブルマナーは、素敵な大人のたしなみ。まだまだ上手に使えませんが、美しい所作を身につけるためには、毎日の積み重ねが大事です。

ゲンセのインドラのカトラリーを
夫と私のふたり分、2セット購入。
少し大きめに作られていて、しっ
かりと手に馴染みます。

抹茶の点てかた

お茶を淹《い》れるのも点《た》てるのも、ときが緩やかに流れるようで、心が静かになります。友人とお茶をするときや、自分が飲みたいときにも、いつも少しだけ特別な心持ちになります。

最近、日に一度、抹茶をいただくようになりました。茶道具を出してお湯を沸かし、お湯を冷ましている間に、抹茶を茶こしでこしながら器に入れて。お湯が冷めたら茶筅《ちゃせん》で点てて、自分のためにその日の和菓子を用意し、ゆっくりお茶を飲む。お茶の点てかたを何度か習っただけで、作法などわからない私でも、この一連の動作の中では、背筋がすっと伸びて、気持ちが落ち着きます。「ひとりで集中して何かをする」ということが、気持ちの切り替えになるのだと思います。

一年ほど前、好きだった義父が病気になり、心配な日々が続きました。それと同時に、自分がちゃんとしなくては、という強い気持ちも湧いてきました。病院の先生にお話を伺ったり、いろいろな手続きをしに行ったり。不慣れなことばかりで戸惑いながらも、義母と一緒に、ひとつひとつこなしました。そんなとき、出かける前に大人らしく振る舞えるようにと、お茶を点てるようになりました。静かにお茶を点てることで、気持ちをしゃんとさせたかったのだと思います。

普段の暮らしでも、仕事を始めるときや、暗いニュースを見てちょっと心悲しくなったときに、抹茶を点てて気分転換するようにしています。器やお菓子を選んだり、季節ごとに美しい干菓子を取り寄せたり。ささやかな贅沢で自分を適度に甘やかしながら、でも襟を正すような気持ちで、今日も自分のために丁寧にお茶を点てて。「五十の手習い」で作法も少しずつ勉強しながら、これからも続けていけたらと思います。

有田焼の陶悦窯(とうえつがま)の茶碗。抹茶は混ぜすぎると苦味が出すぎてしまうから、初心者でも泡立ちやすい、ざらっとした質感の器を選びました。

抹茶をいただくときに使っている
道具は、自分が楽しむためのもの。
すべてシェーカーボックスにまと
め、食器棚に入れています。

1

お湯を沸かしたら、湯冷ましに注いでしばらくおいておきます(80℃ほど)。

2

お湯を冷ましている間に、茶杓(ちゃしゃく)山盛り1杯分の抹茶を茶こしでこします。

3

抹茶を入れた茶碗に、湯気がなくなる程度に冷ましたお湯を注ぎ入れます。

4

茶碗に手を添え、茶筅で「m」を描くようにして、15秒ほどで、さっと混ぜて泡立てます。

いつもいただくのは、一保堂茶舗の抹茶。春は長閑(のどか)、秋は月影、お正月用など季節限定品も買っておき、その日の気分で楽しみます。

お茶のセットをトレイの上にひと揃え。作法は何もわからないけれど、私はこんな過程も好きで、いつも気持ちが引き締まります。

お茶と合わせるお菓子

抹茶をいただくときは、四季折々のきれいなお菓子を見つけて、季節の趣きを楽しんで。回を重ねるごとにしつらえも上手になる気がして、積み重ねていこうと思います。

とらやの羊羹は、富士山や桜など季節ごとのしつらえがとてもきれい。ハーフサイズを買って帰り、毎日少しずついただいています。

仲よくしている地元のお店、bionの塩バターサブレはキリッとした味わい。月のように見えたから、ひのきのトレイにお月見を思い、飾りつけて。

夏は皮ごと食べられるぶどうを冷凍しておき、縁を少し濡らし、グラニュー糖をつけたグラスに入れて。3分ほどおくと、シャーベット状になって、おいしいのです。

最中で一番好きなのが、たねやのふくみ天平。求肥(ぎゅうひ)餅が入った餡と、最中が別々に包装してあり、自分で組み合わせていただきます。

血流をよくすると聞いて、いつも水ではなく、炭酸水を飲むようにしています。Oisixで頼んでいるおやつチーズはカルシウムやタンパク質を手軽に取れて、一口大で食べやすい。おやつにそのままつまんでいます。

ヨーグルトは耐熱性の器に入れて電子レンジで10～20秒加熱します。あつあつではなく、ほんのり温かいくらいがちょうどいい。食事の最後にそのまま食べたり、フルーツや、はちみつ漬けにしたナッツをのせたりします。

ナッツのはちみつ漬けは、くるみやアーモンドなどのナッツをトースターでローストし、煮沸消毒した瓶に入れてはちみつに浸しておきます。日持ちするので、作り置きして常温で2、3日漬けてからいただきます。

一日に三回いただくもの

もともとアレルギー体質なので、食べられないものや、飲めない薬もあります。体調を崩すと、心も体も前に進めなくなるから、仕事で旅に出かけるときも、大人らしく、自己管理できるよう気をつけて。そう思いながら、いつも体調には気を遣っていたのですが、アレルギーが原因で、また足を悪くしました。家事をしても、仕事をしても、自分でもつらくなるから、どんなときでも健康が一番だと感じています。年齢とともに体も変化し、今までは大丈夫だと思っていたことが、大丈夫ではなくなる。それに気づかなかったのだと思います。

だから、体調を内側からも整えられるように、体によいものを食べるように心がけています。免疫力をつけるために、朝昼晩のご飯のあと、食べているのがヨーグルト。真夏は冷たいままでいただくこともありますが、温めたほうが栄養を吸収しやすいと聞き、ほんのり温めてから食べています。甘いものがほしいときは、栄養も豊富で、免疫力を高める効果があるというナッツを。ローストしたあと、はちみつ漬けにしたものをそのままつまんだり、ヨーグルトにのせたりして、いただいています。

元気のない日は、何をやっても面倒だと感じることもあります。そう思ってしまう一番の原因は、ちゃんと眠れていないとか、きちんと食べていないとか、普通のことができていないときだと思います。自分を守ることができるのは自分だけ。やりたいことがたくさんあっても、それを少しだけセーブして、自分の体と向き合うことも、大人である証《あか》し。元気でいたい私の、これからの目標です。

顔を洗ったり歯を磨いたり、日々使う洗面所。マウスウォッシュやオイルなど、気づいたときにケアするものを、ここに揃えておきます。

乾燥すると爪が割れてしまうので、水仕事をし終えるたびハンドクリームを塗っています。日中は匂いがつかないよう無香料のものを。

唇が荒れないように、口紅ではなく、油分が多いグロスを塗っています。顔色がよくないからオレンジを足そうとか、その日によって調整。

ジョンマスターオーガニックの天然のアルガンオイル(p.229左下)で髪の毛の縮れや乾燥をケア。これをつけると、するっとまとまりやすくなります。

前向きに過ごすための身支度

毎朝、身支度をしながら、なによりも清潔感が大切だと思うようになりました。年齢を重ねると、ちょっとしたことで、だらしなく見えてしまうから、毎日元気にいられるよう、私なりに身だしなみを整えることにしています。

五十代を迎えた頃から、これまでとは違った体の変化を感じるようになりました。いつものようにケアしていても、髪がパサついたり、寝不足だとすぐに顔色が悪くなったり……。元気なのに「疲れている?」と聞かれることもしょっちゅう。歳を重ねることは、いいこともありますが、ちょっとだけ困ることもあります(笑)。だから、パサつく髪にはオイルをつけたり、肌の手入れを念入りにしたり。忙しくても、私なりに、疲れて見えないよう、朝と夜、時間を作り、ゆっくり手当てをしています。

少し前に、メイクをするのかしないのか迷ったことがありました。そのときにふと心に浮かんだのは、もしかしたら身支度するのは、自分のためでもあり、相手のためでもあるのかもと。家族はもちろん、「今日会う人」のために、元気に見えるよう、整えるのも大切なこと。自分が元気に見えたなら、それだけで、人にも笑顔で明るく接することができるはず！　そう思うようになりました。

なんとなくだるく感じる朝も、身づくろいをすると、表情まで明るく見えて、少しだけ自信も湧いてくるよう。身支度を整えることは、心を整えること。だから、今日も一日笑顔で頑張れるよう、自分を整えることから始めています。

イソップのマウスウォッシュはボトルが気に入って使ってみたら、アルコールフリーで刺激が弱く、舌もひりひりしないので、眠る前の習慣に。

昔と違って新陳代謝が悪いのか、目の下のクマも消えにくくなるから、日焼け止めも兼ねた下地クリームで顔色を整え、クマやしみも隠します。

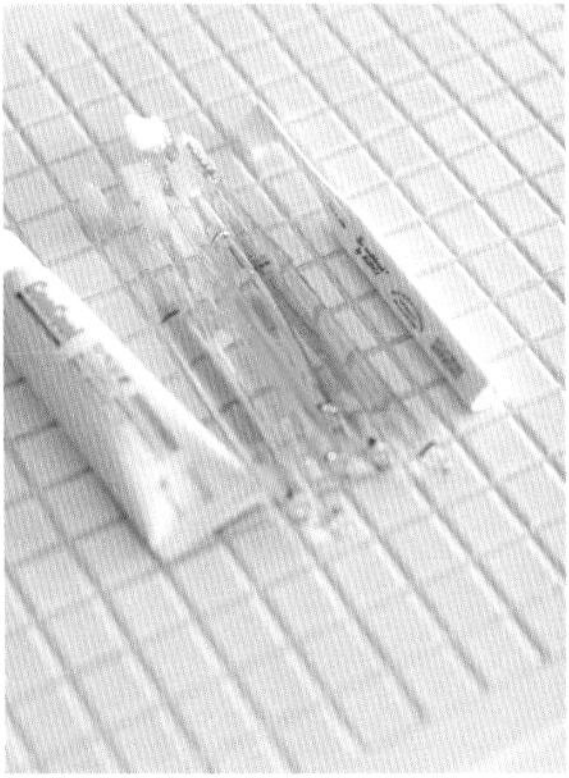

歯ブラシは月に1度、替えるから、買い忘れないよういつも箱買いしています。出かけるときは、歯磨き粉のいらない歯ブラシを持ち歩いて。

旬の食材が書いてある、日めくりカレンダー。毎朝、白湯を飲みながら、ここに書いてある文章を読むのが日課になりました。

野菜の旬や栄養、日本の年中行事など本を見て勉強中。まだまだ知らないことばかりです。美しい料理の本は、盛りつけの参考に。

暮らしに小さなイベントを

主婦は座る暇もないくらい忙しい。朝起きて、その日の予定を確認して、朝ご飯を作って。洗濯に掃除、自分の身支度を整えて……。いろいろしていたら、あっという間に一日が過ぎていきます(笑)。家事は毎日、同じことの繰り返し。好きなことだから、もっと楽しめたらと思います。

家で仕事もしていると、時間の使いかたがとても難しくて、睡眠時間を削ってしまうことも。仕事に集中していたら、考えることが多くてアウトプットばかりになり、気持ちに余裕がなくなります。そうなると、自分の糧になることを取り入れる時間も少なくなる。そんなとき、「今日はふきのとうが旬だから食べよう」とか、「来週は重陽《ちょうよう》の節句だから、ニッチに菊を飾って、菊のお浸しも作ろう」とか、暮らしに小さなイベントがあると、心に、ふとしたゆとりが生まれます。それを続けていくと、いい勉強にもなり、もっと知りたい気持ちも湧いてくる。その日の旬の食材を知るだけでも、今日はこんな野菜をいただこうとか、こんな食卓にしつらえようとか、心が弾んできます。

気持ちに余裕さえあれば、家の中で楽しめることはたくさん。インプットは外に出ていろいろなものを見たり、聞いたりするだけではなくて、家の中でもできるのです。季節や時候の本を見ながら、今日は何の日なのかを調べたり、滋味ある野菜を知ったり。日々のサラダを盛りつけるために、本のページをめくってみたり……。こんなことをやってみたい、と思うことがたくさんあると、前向きな気持ちも育ってくるから不思議。私の日々の目標は、わが家で穏やかに暮らすこと。家の中に楽しみを見つけたら、いつも充実した気持ちで、幸せに毎日を過ごせそうです。

時計はいつも見える場所に

わが家には各部屋に時計があります。トイレや洗面所にも時計があり、どの部屋にいてもすぐに時間がわかります。よく立ち寄る温泉宿では時計のない部屋もあり、そんなときはちょっと心許ない気がします。夕食の時間までは本を読もうとか、ぼーっと外を眺めようとか、心からのんびり過ごせるよう、時計が必要なのだと思います。

それでも、別に時間に縛られているわけではありません。先を見据えて行動するほうがラクなのです。出かける前に「十五分だけ掃除しよう」とか、「何分までにやってしまおう」とか。時間と向き合いながら作業するほうが、私にはさっとできて、きれいにもなる。そして、やることを先に済ませたら、そのあとがうんとのんびりできそうで。残りの時間を心待ちにしながら動いています。

それとは逆に、仕事をしていて、「何分までにここまでやろう」とか、「ちょっと気分転換にお茶をしよう」とか、そういうときは、段取りを整えるための時計です。ひとりで仕事をしていると、時間の配分を決めるのも自分なので、だらだらするより、大切に使いたいのです。時計の針を心に留めておくと、自然と集中できて、次にこれをやろうとか、あと何分とか、ぱっと頭に浮かびます。だから時計はデジタルではなくて、アナログのほうが私向きです。

いつも時間に追われるよりも、自分なりに時間を進めていきたい。焦って慌てると、いろいろなことが雑になってしまうよう。段取りが頭にあれば、気持ちが落ち着いて、時間がゆっくり流れていると思えるのがいい。時間を意識しながら過ごすのは、前向きな未来を考えることだと思うのです。

ダイニングにあるものは、自動的に時刻を合わせてくれる電波時計。キッチンからも見る時計なので正確な時間だと安心感があります。

リビングにある時計は±0のもの。珪藻土の壁と質感が合うので、インテリアにも馴染んで、柔らかな時間を紡いでくれるよう。

洗面所にある時計は、お風呂に入っても見える場所に置いて。時計を見ながら本を読む時間を決めたり、歯磨きする時間を計ったり。

トイレにある小さな時計は、扉のスリットからも見える位置に。個室だからか、頭もクリアに、次の段取りを考えることができます。

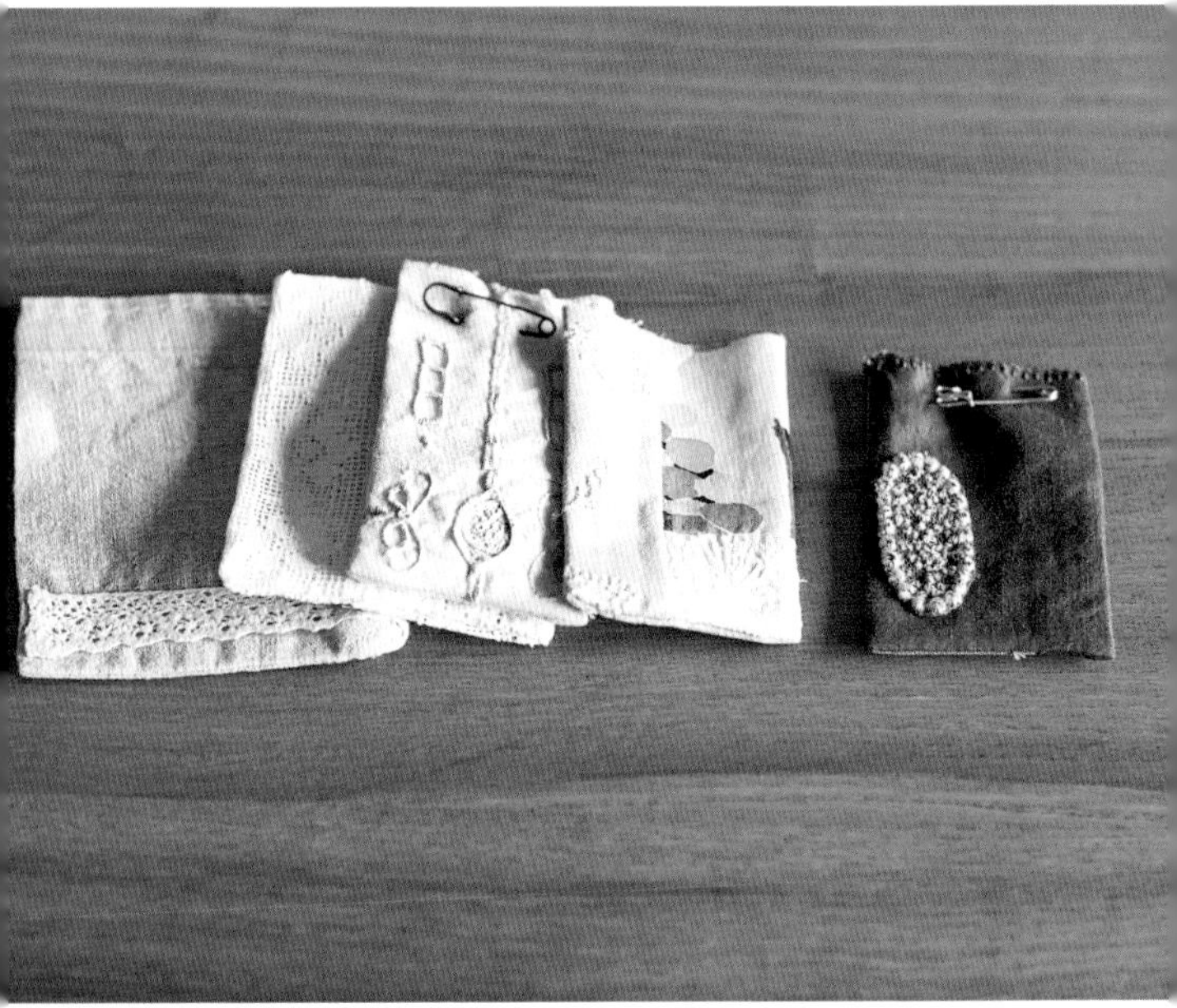

毎年、手作りしているお守り袋。
初詣に行って買ってきたお守りと
一緒に、清書した便箋を折り畳ん
で中にそっと入れています。

節分の日は、毎年欠かさず、豆まきをしています。お正月が過ぎて少し気持ちが緩む頃は、意気込みすぎず目標を立てるのにいい時機。

強くなるための秘策

節分は物事の区切りの日だから、毎年節分の前に、一年の目標を便箋に書き出しています。なるべく笑って過ごす、家族と穏やかに暮らす、こんなことを勉強したいなど、その年に思ったことや、したいこと、こうなれたらいいなという憧れも含めて、すべて書き出します。ずっと以前からやっている、一年の始まりの習慣です。

書くことで、いろいろなことへの思いが強くなり、今の自分が明確に見えてきます。普段は罫線が入っていない便箋を好んで使いますが、このときだけは、一行ずつに気持ちに区切りがつけられるよう、罫線があるものを選びます。思っていることをいくつも書き出し、何度も読み返しながら、最終的に一枚に清書して。書き出しているうちに、これから大切にしたいことや、やりたいことの優先順位も見えてきて、自分の核となるような部分だけが、自然と残ります。すると、心のもやが一気に晴れて、「これから一年頑張ろう!」という気持ちになるのです。

私はあまり器用ではなく、そんなに強くもないから、人に何か言われたら、迷うこともあります。そんなときは、自分と向き合って、「どうしたい?」「どうなりたい?」と問いかけるようにしています。迷ったときは、この目標を見返しながら、気持ちを再確認して。自分の言葉に励まされ、「ああ、そうじゃなかった」と普段の自分に戻るきっかけにもなります。この歳になると、ときにはやりたいことをあきらめてしまうことも……。節分の習慣は、そんな弱い自分を強くするための、大切なお守りです。

私の椅子

ダイニングに置いてある、少し背の高い布張りの椅子は、わが家の中で付き合いの長い家具のひとつです。今のマンションに引っ越してきたときに揃えたものだから、もう二十年以上になります。夫とふたりでいろいろなショップをまわりながら、あれこれ比較検討して決めました。座り心地がとてもよかったのと、カバーリングが好みで。ダイニングで使い続け、この椅子でないと落ち着かないくらい、気に入っています。

二十年の間に、この椅子も少しずつ変わっていきました。布張りの椅子だから、長く使えるよう、下地が悪くなる前に張り替えます。わが家には代々いたずらっ子の愛猫がいて、どうしてもこの椅子で爪研ぎをしてしまうから、張り替えは年に一度のペースでするようになりました。最初は、生成りのカバーリングでしたが、椅子のきれいなラインが見えるよう、張り込みにすることに。生地は、ナチュラルな白や麻色から、少しシックにしたいと思い、ウールや革にしたことも。それから、ギンガムチェック、ハリスツイードを経て、今はミナ ペルホネンの布を使って、何度か張り替えています。

愛猫のせいとはいえちょっとだけ不本意だった椅子の張り替えも、回数を重ねるごとに「模様替え」の気分で楽しむようになりました。椅子が張り替わるたびに、部屋全体の雰囲気が変わって見えるから、とても新鮮に感じられるのです。

思えば、この椅子の張り替えには、そのままわが家のインテリアの移り変わりが、あらわれているよう。そのときどきの好みや気分が、映し出されるインテリア。ここに住み始めた頃は、家中をナチュラルな白っぽい雰囲気にまとめようと、椅子の布も白で統一して。昔は白と決めたら、鍋もブックカバーも、着ている服さえも白に統一したく

鏡台の椅子。毎朝、ここに座りながらメイクをして身支度を整えます。こちらの椅子にはミナ ペルホネンのパシフィックを。

ご飯を食べたり、お茶を飲んだりするときに座っているダイニングの椅子。この布に張り替えてから、部屋が引き締まって見えます。

なったほど(笑)。きっと、初めてのわが家をうんと素敵にしたくて、一生懸命頑張っていたのだと思います。今思うと、あの頃は自分の中にたくさん決まりごとがあったような気もします。

しばらくして、北欧を好きになったことがきっかけで、インテリアにも色柄ものを取り入れるようになりました。その頃から、椅子の布にも、柄ものを使い始めて。白っぽい部屋から、少しずつ色数が増えていき、それに合わせて飾るものを減らしたり、似合う色合いを考えながら揃えたり。得意ではなかった色の組み合わせも、だんだん調和をとりながら、自分好みにまとめられるようになりました。

「自分の暮らしに合うものを、時間をかけて選んで大切にする」。いつもそうやって、ものと付き合ってきました。この椅子も、長年使い込んだ今、たまらなく愛おしく感じます。まだまだ十年、二十年と、この椅子に座りながら、これからどんな心模様で、どんな布に張り替えていくのか、自分でもちょっと楽しみなのです。

茎のプラスティックの部分が見えないように陶器に活けて。本物の花のように、造花だと感じさせない飾りかたを考えます。

フェイクなものに癒される

社会人になり立ての、ひとり暮らしを始めた頃から、部屋に花を飾っています。月末にあまり小遣いがなく、ランチと花のどちらかを選ぶなら、迷わず花を買って帰って。長持ちするよう、毎朝きれいに花器を洗って花の水を換えると、落ち込んだ日の朝も気持ちがしゃんとして、今日も一日頑張ろうと思えました。私にとって花は、日常の暮らしに欠かせないものです。

最近の夏はとても暑く、花を飾りたくても、切り花はすぐに弱ってしまいます。それでも、花のない生活は味気ないから、夏場はベランダにある枝ものや、造花を飾ります。最近の造花は、飾りたくなるものがたくさんあるから、毎年いくつか新調して、花器に活けたり、小さなコップに挿してみたり。造花とわかっていてもふと目に入ると、心が和むのです。造花を楽しむコツは、こまめに埃を払うことと、茎の針金が見えるものは不透明の花器にしつらえること。それだけで、暮らしが彩られるようです。

ゆらゆらと揺らめくキャンドルも、一日の疲れをリセットしてくれるもの。仕事モードから、家事モードへの切り替えにもなっています。夏場の暑いときも一年中灯せるよう、LEDキャンドルを使うように。炎の揺らめきも本物のようで、タイマーつきだから、つけっぱなしで眠ることもできます。ベッドに入っても、ほのかな光で安らいで、うーんと伸びをして幸せな気分に浸れます。

花もキャンドルも、私の日常を癒してくれるもの。それぞれの季節に合わせ、本物だとかフェイクだとか、区別することなく、そのときに飾りたいものを選んでいます。

夕暮れからの過ごしかた

日が沈んだら、キッチンの灯りだけ残して、部屋の電気を消し、間接照明やLEDキャンドルの灯りで過ごします。夫が帰ってくるのを待ちながら、ひとり食事の支度をしていると、自然と自分の体に向き合えるようで、その日に食べたいものや、体に必要なものが自ずとわかってくるのです。ほの明るい、やさしい灯りに包まれると、心がほぐれて、いろいろなものから解かれるからかもしれません。だから、献立は、一週間分をざっくりと決めておき、その中で食べたいものを、その日にいただくようにしています。

夜になると、昼間に話したことがふっと頭に浮かんで、「あの言葉選びでよかったかな？」「こんな言いかたをして大丈夫だったかな？」と、いろいろなことが気になってしまうことがあります。同じことをぐるぐる考えたり、すべてのことがマイナスに思えたり。ときどき考えすぎて、眠れなくなってしまうことも……。そんなときは、頭に浮かんだことを、ひとつひとつ肯定していく作業をします。こんな風に思ってしまうのは、その人を大切に想っているからなんだとか、念入りにしようとしているからなんだとか。そう思うと、ひとりで悩んでいたことも、丁寧に思う心のあらわれだから、それもまたよし、と納得できて。この灯りの中だと、そうやって落ち着いて気持ちを整えることができます。

私は前の日にどんなことがあっても、朝になったら、元気に「おはよう」と言おうと決めています。だから、マイナスのことを考えてしまったら、とことん思いを巡らせて、夜のうちに消化して。日々そんなことの繰り返しです。

ニッチにはティーライト型のLEDキャンドルをキャンドルホルダーに入れて置いています。夜中も、ほのかな灯りがあると安心します。

リビングボードに置いたLEDキャンドルは、まわりがロウでできていて、つけるとかすかにローズの香りがします。

ワークスペースから、寝室に続く通り道は、クリムが行かない場所だから、夜になると陶器のランプとともに小さなキャンドルを灯して。

眠りを誘う心地よい香り

香りの力を感じながら、気持ちを切り替える方は、多いと思います。私もそのひとり。眠るときは、ほのかな香りに包まれて、気持ちをオフにしています。以前から自分の香りを決めていて、私が選んだのはラベンダーとローズ。今は、どちらも眠る前のハンドケアの香りとして使い、手を動かすたびに、ふわっと香りに包まれます。

このふたつの香りは効能が違うから、その日の自分と向き合いながら、必要なものを取り入れることに。ラベンダーは、気持ちを安定させてくれ、やわらかな眠りに誘われます。ローズは女性の不調を和らげ、幸福感をもたらしてくれるよう。どちらも昔から好きな香り。効果があるのかどうかはわからないけれど、幸せな気持ちで眠れるよう、そう信じていつも眠りについています。

ハンドクリームは、ほんのり香るよう、ワセリンと混ぜて使っています。ローズは、香りが逃げてしまわないよう、茶色の小瓶に少量ずつ作り置き。ラベンダーオイルは、最近、とても好きな香りのものを見つけたばかり。一滴垂らすと、本物のラベンダーの花穂の香りが漂います。

ここのところ、一番乾燥が気になるのが手や指先です。何をするときにも、自分で目につく場所だから、自分のために指先まで丁寧に手入れをかかさないように。日中は、洗濯をしたり、料理をしたりするとき、香りがあると匂いが移ってしまうから、水を使うたび、こまめに無香料のハンドクリームをつけています。夜は香りのあるもので、体をいたわりながら心も癒して。そうすることで一日の疲れがどんどんほぐれていき、心地よい眠りにつくことができます。

エリザベスWのラベンダーコレクション ボディオイルは本物のラベンダーに包まれているかのような、心地よい香りです。

ロクシタンのローズの香りのハンドクリームと、サンホワイトのワセリン。小瓶の中に半分ずつ入れて混ぜ合わせて使います。

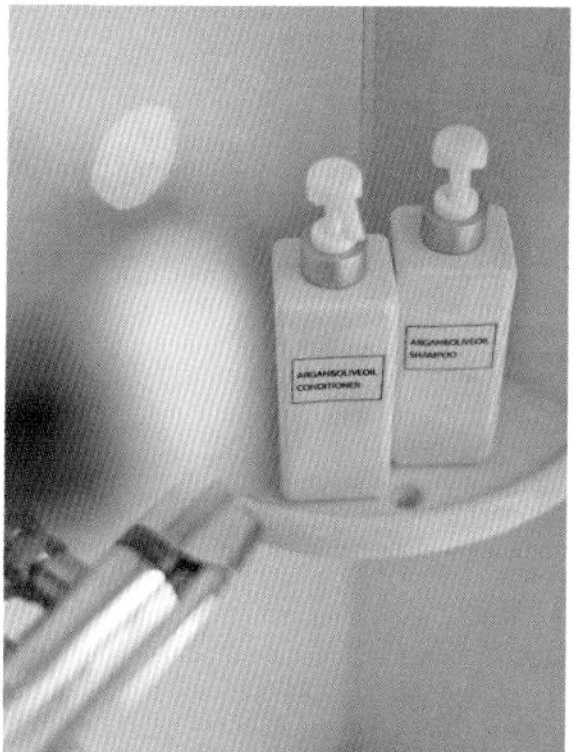

手製のタグを貼ったピューアのアルガン＆オリーブオイルのシャンプーとコンディショナー。泡立ちもよく、夫も使える香りのものを選びました。

メイク落としは、ディブのオリーブ＆アルガンクレンジングオイルを使って。この香りがたまらなく好きで、1日が終わるスイッチに。

家族で囲む食卓

3章

食事で体を整える

「今日も疲れたね」とお互い話す日も、風邪をひいて「ちょっとだるいなあ」と感じるときも、ごくごく普通の家ご飯をいただくだけで、体も心も元気になる。家庭料理には、そんな力があると思います。ご飯を作って、一緒に食事して。そんな、なんでもない毎日がたまらなく好きです。

数年前、夫の定期健診で「中性脂肪が多い」という結果が出ました。見た目は変わらないのですが、歳のせいで代謝が悪くなったようです。食事も私なりに気遣っていたけれど、お昼に何を食べているのかは、見当がつかず。それでもう一度、基本の食生活を見直そうと、「野菜から食べること」と「野菜と豆類は一日十品目以上」、それがわが家のルールになりました。

そうやって食生活を変えながら、何年か経ち、私も五十代になりました。夫の検査結果も正常値に戻り、もうひとつうれしいことに、少しスマートになったよう。ふたりとも同じように仕事を持ち、ライフスタイルはそんなに変えられないから、食べすぎないとか、作りすぎないとか、自分たちの体に耳を傾けながら、私たちに合った食卓を作る。今は体調をキープするための「いい塩梅《あんばい》」を探している最中です。

年齢的にも、今までと同じ調子で頑張ってしまうと、なんとなく疲れが残ってしまうよう。私も新陳代謝がだんだん落ちてきたように感じます。そんな気づきがあってからは、食生活を整えられるよう、本を読んだり、調べてみたり。その中で新しい発見もたくさんありました。健康な体も心も食べ物から。いつもそう唱えながら、毎日の食事を作っています。

だしは昆布とかつお節で。毎日お味噌汁かスープ、煮物を作るので、いつも多めに取って冷蔵保存しておきます。

計量カップはガラス製が清潔に保てます。無印良品の柄の長い計量スプーンは、スープを混ぜたり味見をしたりと、使い勝手よく。

野菜の効能や下処理などが載っている本はよく開く1冊。豆つきの豆苗は、根元を水に浸しておくと、もう一度元気な新芽が出てきます。

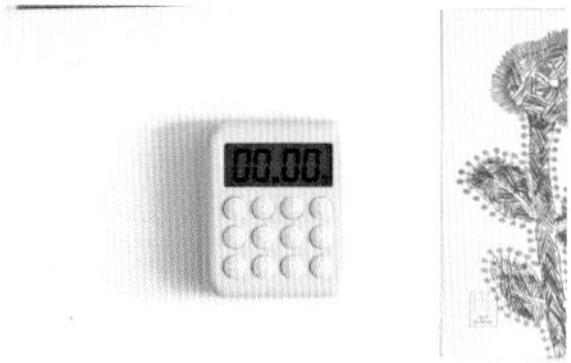

キッチンタイマーはシンプルなデザインの±0のものを使っています。煮込んだり、蒸したりするときは、そのつど時間を計ります。

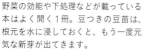

わが家の食卓の作りかた

昔は、家事の中で料理が一番苦手で、好きなテーブルセッティングをするために、頑張って料理を作っていたように思います。今は、料理をするのが楽しくて、それがおいしく見えるよう、食卓をしつらえるようになりました。長年主婦をしながら、このことだけは、進歩をしたようです(笑)。

夫の好物は福岡県人らしくラーメンとパスタ。本当は毎日のように食べたいだろうから、月に一、二度、好きなものの日を作り、思う存分食べられるようにしています。健康を気遣いながらも、食べたいものを食べる日が、あってもいいと思うのです。その日は、いつも以上にサラダを多めに作り、温野菜も用意して、まずは野菜をたっぷり食べ終えてから、食事をしています。

料理をするときには、いつもきちんと量りながら作ります。もうわが家の分量が決まっているから、私にはそのほうが、さっとできて便利なのです。随分前に、急いで食事を作ろうと、目分量でやってみたら、かえって時間がかかってしまって。人それぞれ、自分に合ったやりかたがあるのだなと、すっと腑に落ちて、「丁寧に量る」が基本になりました。おいしかった分量は忘れないようノートに書き込み、もっと自分好みにできたら、そのノートを更新して。時間のあるときに、そのノートを見ながら、おさらいする。なんでも書き残す、私らしい方法です。

その家にはその家に合う献立があって、それを大切に積み重ねていく。それが、家庭料理の醍醐味《だいごみ》だと思います。幸せな食卓のために、これからも、まだまだ更新していく予定です。

冷蔵庫の中は白い保存容器を使って、保存しています。整った冷蔵庫を見ると、幸せな気持ちに。

日曜日に宅配で届く食材。隙間がないくらい詰まっている冷蔵庫も、
土曜日の夜にはちゃんとからっぽになります。

薬味は刻んで小分けにして、ゆずは皮と実に分けて、ラズベリーやブルーベリーも、保存容器に入れて冷凍で常備しています。

日曜日の下ごしらえ

日曜日の朝、宅配で一週間分の食材が届くと、前もって考えていたメニューを、いくつか思い浮かべながら、下ごしらえをします。旬の野菜も取り入れて、どう使うかを考えながら、切ったり茹でたり、保存袋に入れ替えたり。し終えたら、冷蔵庫や冷凍庫に詰めていきます。だから日曜日は「下ごしらえの日」。日に何度も開ける冷蔵庫は、扉を開けたときに中が整っていると、顔もほころんで、心も浮き立つよう。どの段もきれいに整うと、次の週も頑張ろうと思えます。

あまり時間のない日も、夕食をどうやって作ろうかと算段するのが楽しく感じるほど、今は料理をすることが、気晴らしになっています。作るものは、ごくごく普通の家庭料理。ご飯の支度が遅くなってしまったときでも、下ごしらえがしてあると、イチから用意しなくていいから、とてもほっとして、やる気が湧いてきます。だから、「日曜日の下ごしらえ」は、どんな日でも食事をないがしろにしないための、私なりの小さなしかけです。

保存方法もいろいろ試すうちに、変わったこともあります。以前は茹でたあと、保存袋に入れて冷凍庫に立てて保存していたブロッコリーなどの野菜も、中身がくっつかないよう、今は寝かせて収納。ネギやフルーツなども保存容器にラップを挟んで重ね、一回分ずつ取り出しやすく。保存をしていると、次の使い勝手を考えるから、いろいろなことに思いを巡らせて、勉強にもなるから面白いのです。忙しいときは、手間がかかるものが多すぎて、「あ～大変そう」と思うこともあるけれど、使いやすいよう保存しておくことで、月曜日からの食事の支度は、うんと手際よくなります。

持っている保存容器は、気がつけば丸いものばかり。冷蔵庫を開けたときに丸がいっぱい並んでいるのがかわいくてほっとするのです。

ストウブ、ダンスク、野田琺瑯の鍋など。野菜を茹でたり、毎日のお味噌汁を作ったり、私なりに用途別に使っている好きな鍋です。

道具に助けられて

二十年以上使っていた鍋が、五年ほど前から、だんだん壊れていきました。取手が突然ぽきっと折れてしまったり、鍋底が薄くなってしまったり。一緒に歳を重ねてきた道具も、私と同じで、きっと節目のときなのでしょうね(笑)。頼れる道具を探すのは、主婦のこのうえない楽しみ。今まで頑張ってくれた道具に感謝して、機能性のよいものをと、ひとり用の小さな鍋と、前から使ってみたかったソテーパンを下調べして選びました。

新調した鍋を使いながら思うのは、道具によって調理時間がうんと短縮できたり、いつも以上においしくできたりすること。自分なりに使い勝手のいい鍋を、作るものに合わせて選びながら、その鍋でおいしい汁物ができたら、次も何かおいしいスープができそうと、あれこれ考えて。そうやって日々の献立を増やしていくのも、食事を作る楽しみのひとつ。道具のおかげで、得した気分にもなりました。

同じように、調味料にも助けてもらっています。料理の味を大きく左右する調味料。前に買い忘れて別のもので作ったときに、慣れた味とちょっと違って感じたから、好きな銘柄はいつも切らさないようストックしています。夫の職場の近くに料理上手なおばあさまがいて、よく炊き込みご飯をいただいて帰ってくるのですが、何度やってもその味にならなくて、料理酒を変えてみたら、似たような味に。調味料でこれほど変わるのかと驚きました。わが家の味に合うものを知っておけば、ちゃんと好みの味になるから、いつもの調味料も、機能的な道具も、私の料理の強い味方。どんなときも助けてくれる、心強い存在です。

冷蔵庫

保存容器はきちんと密閉してスタッキングもできる、kaicoの琺瑯キャニスター maruを。小麦粉やパン粉も虫がつかないよう、WECKの瓶に入れて冷蔵庫へ。

チルド室・野菜室

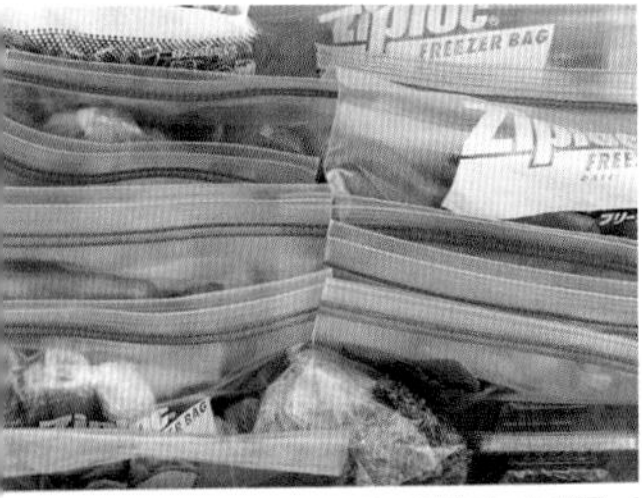

バターはパンに塗る用と、料理用のカットバターを別々のケースに入れてチルド室へ。野菜は、切ったりラップに包んだりして保存袋に入れ、野菜室に立てて収納します。

冷凍庫

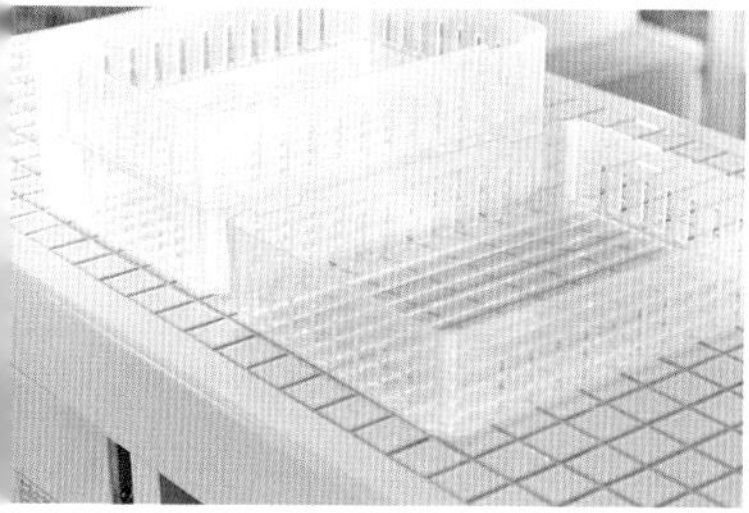

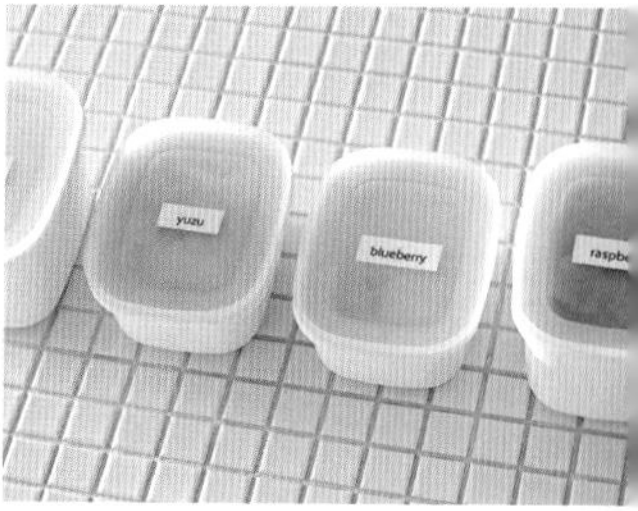

ラズベリーなどヨーグルトの上にのせるフルーツは、凍らせてストックしておきます。茹でた野菜は、形がくずれず冷凍できるよう、ケースを使って寝かせて収納して。

ラベル

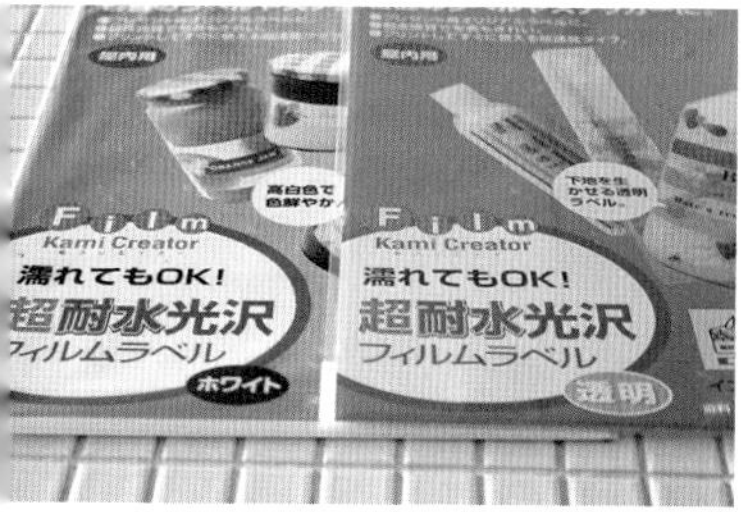

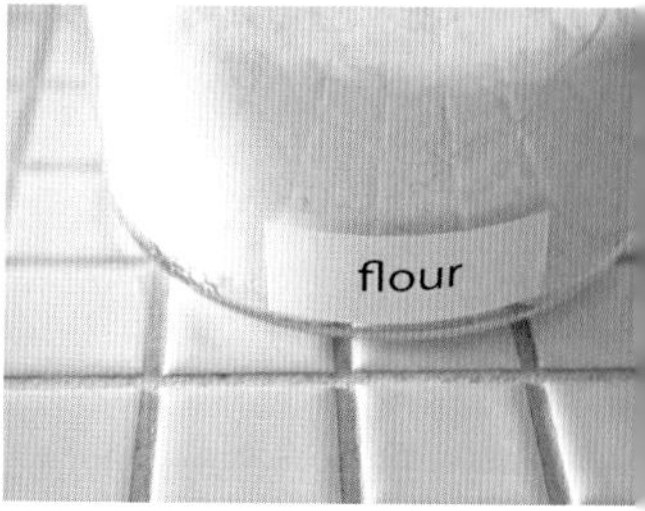

保存容器には、中身がわかるようにすべてラベルを貼っておきます。水に濡れてもはがれにくいシートに印刷して。透明のものと白いものを、容器によって使い分けています。

14cmの小さなストウブは、おいしい茶粥を作れたらと購入。お昼用のひとり分のパエリアにもちょうどよく、あつあつのまま食卓に。

ストウブのニダベイユのソテーパンは、すき焼きや肉じゃが用に。焼き魚や、餃子など焼き物もカリッとふっくら仕上がります。

さっと野菜を茹でるときだけに使っている琺瑯の鍋。深さがしっかりあるので、お湯がまわりやすく、たっぷりと茹でられます。

以前から使っているダンスクの直径18cmの両手鍋で、ふたり分のおでんを作っておやつに。カレーやシチューを作るときもこの鍋です。

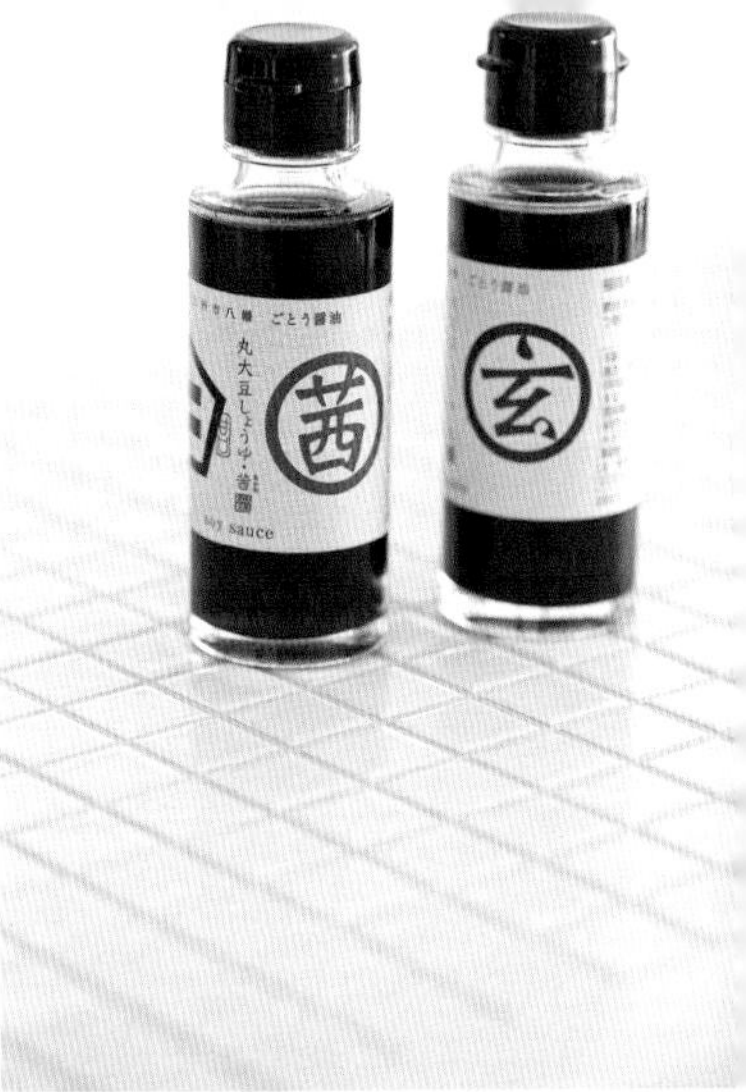

醤油は、福岡にある、ごとう醤油のものを使っています。サイズが小ぶりで垂れにくく、ボトルのまま食卓に置いてもかわいいのです。玄(くろ)は普段のかけ醤油として。茜は九州の甘味のある醤油で、納豆や卵かけご飯、おもちのつけ醤油として、使っています。

わが家のハンバーグソースは、ホールトマトがベースです。そのまま使うと酸味が強いので、15～20分弱火で煮詰めて酸味をとばして、トマトケチャップ、野菜と果物が入ったソース、コンソメスープの素、ゆずこしょうを混ぜ、味見をしながら調整していきます。

最近は、煮物がしみじみおいしく感じられます。旬の野菜の煮物や、煮魚を作ることが増え、調味料ひとつで味わいが違うから、砂糖はてんさい糖、みりんは福来純本みりんを。料理酒は今、いろいろ試している最中。自分たち好みの味になる調味料を探すのも楽しみ。

朝、温かいスープを飲むとほっとします。忙しい朝に便利な、簡単に作れるカップスープ。無添加の鶏ガラスープの素をマグカップに入れてお湯を注ぎ、野菜をひとつだけ入れたら完成。野菜は冷凍してあるブロッコリーやいんげん、ほうれん草などを解凍して使います。

幸せな北欧の食卓

これまでに、何度か北欧を旅したことがあります。好きになったきっかけは、雑誌で見かけたフィンランドの建築家、アルヴァ・アアルトの自邸に心惹かれて。幸運なことに、そこを訪れる機会に恵まれ、自邸にいらしたガイドの方からいろいろなお話も伺いました。聞くと、暮らしのひとつひとつに理由があり、それがなんとなく私と通ずる気がして、おこがましくも、ちょっとうれしくなりました。

そのときに、その土地に住まわれている方のお宅にもいくつか伺いました。訪ねた先はどこも、庭に林檎《りんご》がなっていたり、小さな畑をされていたり、手作りケーキがテーブルにさりげなく置かれてあったり。そこには自然と寄り添う、温かな暮らしがありました。

北欧で知り合った友人のサマーハウスを訪れたときは、並べられたたくさんの食器が、おばあさまから引き継がれたものばかりで。いつも使っているのに、ひびや欠けなどなく、丁寧に手入れされて、それが本当に美しく、日常のものすべてに、心が行き届いているようでした。一年中、家で食事を作るのが当たり前だと話しながら、たくさんの料理でもてなしてくれました。北欧の食卓に宿る、なんともいえない幸福感は、私の胸に色濃く刻まれました。

北欧に行って思ったのは、自分たちで暮らしを整えることの豊かさでした。好きな場所を訪れると、その土地のいいところをたくさん吸収して帰ります。自然の景色を彩った北欧の器には、暮らしを大切にする様子があらわれているよう。私もそんな暮らしを紡いでいけたらと、北欧の食器を使うたびに思い出します。北欧の食器は、何気ない暮らしを大切に思う、道しるべになっています。

旅先で見つけたものや、友人がプレゼントしてくれたもの。ひとつひとつの器に、大切な思い出が詰まっています。

食卓を飾るもの

わが家の食卓に常日頃並ぶのは、白い器です。夕食どきに使うのは白い食器がほとんど。夜のぼんやりとした光の中で、たくさんの食べ物が並ぶ夕げの時間は、白い器がきれいに見せてくれるよう。「白い器の中にほんのり色のある器を添えて」、そんな風に思いながら、最近のしつらえを楽しんでいます。

そんな白い器も、選ぶものが変わってきました。粉引《こひ》きなどの陶器から、今は、磁器に移行している最中。手に取って温かみのある陶器は、もろくて壊れやすいところもあり、きれいに乾かさないとカビの原因にもなります。昔はそんな手間のかかるところも、好きな理由のひとつだったけれど、日々使うものだから、手入れをする手間暇を、「食事を作る時間にまわせたら」と思うようになりました。歳を重ねるにつれて、口当たりのなめらかな磁器に惹かれるようになったこともあって、少しずつ切り替えるようになりました。

以前、母と一緒に食事をしたとき、「もう、こんな重たい食器は持てないよ」と、陶器で丼をいただきながら、そんな会話になりました。コーヒーカップも「よくこんな重いものを使っているね」と、母。そんなこと、今まで考えたこともなかったから、目から鱗で……。自分たちにもいつかはそんな日がくるのだと、話しながら心の中で納得しました。

欠けたものや、どうしてもしみが取れないものから順に潔く変えていき、今はわが家の食器の半分ほどが、磁器になりました。最近は青みの少ない「白」の磁器もあり、その中にも温かみを感じて。眺めていると、私の料理熱を高めてくれます。

10年以上前に好きで買ったフローラ。それがイッタラのものだと知り、北欧に行ったときに違うデザインのものを買い足しました。

ひと目ぼれしたロールストランドシルビアの器にじゃがいものポタージュを。裏ごしするのが大変だけど、この器に盛りつけると思うと楽しくなります。

イッタラやマリメッコ、有田焼のJICON・磁今など、長く使っているシンプルな器たち。急須は九谷焼の森岡希世子さんの作品です。

ハレのお重

お重は、スタジオエムの陶器のものを使っています。お正月は白いお重におせちを盛りつけ、朝ご飯に食べています。鮮やかなグリーンのお重には、友人を迎えるための季節の和菓子を並べたり、ちらし寿司を作ったり。

脚つきの器を普段使いに

高杯のような脚つきの器をいくつか持っていて、特別な日ではなく、普段の食事に使っています。ほうれん草の白和えや、お漬け物を少し盛りつけるだけでも、食卓がちょっと華やかに見えるのです。

ワンプレートの日の朝ご飯に。この日は、丸いトレイにベーグルや野菜サラダ、ヨーグルト、炭酸水をセットしたいつもの食卓。

友人とのお茶会で。春だったので桜緑茶で作った茶粥に桜の花の塩漬けをのせました。香の物、和菓子と一緒にトレイに並べます。

寒い日の昼食は、具だくさんのミネストローネスープを作り、ジュースも色を揃えて。ご飯とフルーツも一緒にオーバルのトレイに。

2、3か月に1回、ブッチャーブロックコンディショナーというまな板など食品に触れるものにも使えるオイルを木製品に塗って手入れ。

毎日使う木のトレイ

八年ほど前から使っている、ダイニングのバタフライテーブルは、わが家の食卓を彩る大切なもの。いつも清潔に使えるよう、食事を終えたら、さっとアルコールで拭いています。そして、二、三か月に一度は、オイルを塗って手入れして。それが、普段の暮らしに組み込まれています。

そんな木のテーブルで食事をするときは、輪じみなど気にせず、気兼ねなくいただけたらと、いつもトレイを使っています。作った料理も運びやすく、この中にどんな風に盛りつけようと、思いを巡らせるのも楽しくて。朝ご飯などは、その日のパンのサイズに合わせ、トレイを変えているから、毎朝違う雰囲気でいただけて、気分転換にひと役買ってもらっています。

最近の木のトレイは、しみにならない加工がしてあるものが多く、たくさんこぼしても、洗ってしまえば大丈夫。食事やお茶の雰囲気に合わせ、木のトレイにしつらえるだけで、普段の食事もちょっとかしこまった食卓に見えて。自分で作った食事を、丁寧にいただきたくなります。ひとり分の簡単なお昼も、白いご飯とお味噌汁をお盆にセットするだけで、整って見えて、「いただきます」と、背筋が伸びるよう。思いもよらなかったけれど、木のトレイには、そんな魅力があるようです。

わが家にいくつかあるトレイも、木のものだけと決めていたわけではなく、温かみを感じるからか、気がつけば木製品ばかり。きっと自然な手ざわりのものが好きなのだと思います。トレイは食べ物をのせるから、古道具ではなく、いつも新しいものを選んでいます。

トレイは形や大きさ違いでいくつか持っていて、2枚ずつ揃えています。取り出しやすいように電子レンジの横に立てかけて収納。

素朴な博多曲物のお弁当箱を使っています。おかずは煮物やお浸しなど野菜中心。野菜を型抜きするだけで、ちょっと華やかに。

遅い日の夕食は

結婚したてのとき、少しでもいい奥さんになれたらと、自分の基本になるようなものがほしくて、決めたのが「家族を守る」ということ。文字にするとちょっと照れるのですが、この小さな家族を一番に考えようと、そのときの私は、きっと純粋な気持ちで決めたのだと思います(笑)。今もそれを心に留めて、過ごすようにしています。

結婚当初から、ふたりの基本になっているのは、夕食は一緒にいただくこと。実は、結婚してから、三か月ほどしか専業主婦をしたことがないのです。それで、夕食だけでも一緒にと、お互い話したわけでもなく、自然と習慣になりました。何気ない普段の食卓を、話しながら家族で囲んで。それが、私たちの暮らしのベースになっています。

そうはいっても、夫の帰りが深夜になるときや、残業で、終わる時間が見えないときもあります。そんなときは、私も仕事をして待ちながら、夕食はお弁当を作るように。お弁当だと、自分も仕事の合間に、時間を気にせず作っておけるから便利なのです。深夜に食べるから、量もコンパクトに減らせ、食べたあとは洗い物も少なくて済むから、私には一石二鳥です。

昔は出かけるたびに作っていたお弁当も、今はこういうときにしか作らないから、ちょっと新鮮で、自分でもわくわくしながら作っています。私は卵アレルギーで、完璧に火が通っていないと食べられないから、自分で作った卵焼きはこの日の主役。そのほかは旬を取り入れ、冷蔵庫の中を見渡して。春めいたこの日は、行楽弁当風に。お弁当のおかげで、疲れた気持ちも和んで。こんな深夜の食事もたまにはいいものです。

太宰府えとやの梅の実ひじき。コマーシャルソングが耳に残る、九州ではお馴染みのもの。カリカリの梅が入ったひじきは、ごまの香りもしてご飯が進みます。ふりかけ代わりにしたり、混ぜご飯にしたり。

十二堂株式会社　(問) 0120-66-0382

和歌山県の山本勝之助商店の紀州石臼挽き山椒粉。紀州産のぶどう山椒を石臼で挽いたもの。すごく風味が強いので、ほんのひとさじでちょうどいい。魚や肉料理、麻婆豆腐などに。お味噌汁に入れるのも好きです。

リアルジャパンプロジェクト
(問) 03-4510-0015

暮らしのお取り寄せ

二十代の頃は、毎週休みになるとお弁当を作り、夫とどこかに出かけていました。洋服の買い物に街中に出かける日も、わざわざ公園や海まで足を延ばし、お弁当を食べてから向かうことも。海や山、公園など、自然のある場所で、ほっと気持ちを緩めたら、そこのおいしいものを少しだけ買って帰る。それが休日の息抜きになっていました。食べ物からもらった幸せな瞬間が、私にはたくさんあります。

最近は、人からいただいたものや、旅先で見つけたものなど、おいしくて気に入ったものは、何度となく繰り返し、「お取り寄せ」しています。やっぱり家で食べるのが一番落ち着くから「おいしいものは家で」が合言葉になって。誰かが作ってくださった「おいしいもの」をいただきながら、少しだけ違う「新しい味」も気になって、いつも試してみたくなります。

ご飯のおともや、食後のおやつなど、「おいしいもの」が届く日は、待ち構えて、これをいただくためのメニューを考えたり、友人とのお茶の時間も、この日に合わせてセッティングしたり。今のように、足が悪くてなかなか出かけられないときも、家にいながら、ちょっと違った気分を味わえて、それもいいのです。リピートしているのは、気がつけば、九州で作られているものがほとんど。自分が九州で育ったからか、その土地のものが、一番おいしく感じられるようです。

おいしいものを見つけると、ちょっと心躍るよう。そこで見つけた景色や香りも一緒に、頭の中に蘇ります。

ご飯のおとも

福岡県糸島の野菜を使った伊都島STYLE　糸島ピクルス。見た目がきれいで、食卓がカラフルになって気持ちが浮き立ちます。酸味がきつくないから、野菜の味が感じられて「おいしい」と言いながら食べています。

伊都島STYLE
(問)092-325-8001

Soup Stock Tokyoの冷凍スープガスパチョと石窯パン。スープはバーニャカウダのように生野菜につける食べかたが気に入っています。石窯パンは、地元でハード系のパンがなかなか売っていないので、1年中常備しています。

スープストックトーキョー広報　(問)0120-961-573

長崎県の大村湾にある竹ノ島で丁寧に作られているオリーブ&ナッツ。有機ナッツと乾燥したオリーブの塩漬けがブレンド。長崎県美術館で見つけました。オリーブの塩漬けがフレッシュなおいしさで、感動しました。

小さな島のオリーブ畑
(問)0959-27-0253

福岡の江の浦海苔本舗の塩のり。菜種油と石垣の塩がまぶされ、やさしい味わいの風味のよい海苔。しょっぱいものを食べたくなったときには、おやつ代わりにそのままパリパリ。これでおにぎりを作ってもおいしい。

江の浦海苔本舗
(問)0944-22-2252

おやつ

地元のカフェ、bionのえびとアボカドのキッシュ。この年の誕生日ケーキはキッシュ。ふたりで食べるのにちょうどいい直径13cmで焼いてもらい、ロウソクを1本だけ立ててお祝いします。

bion（問）093-331-3338

お茶の産地として有名な、福岡の八女市星野村にある「茶の文化館」という施設で、お土産として売っている星野村抹茶かりんとう。抹茶をまぶした手作りのかりんとうは、甘さ控えめで素朴な味がします。

工房やまもも
(問) 0943-52-2830

熊本県の牧場で作られているMILK'ORO エイジングヨーグルト。希少なジャージー牛の生乳を使った熟成ヨーグルトです。お土産でいただき、濃厚な味が気に入って取り寄せるように。朝食にふたりで分けてちょうどよいサイズです。

オオヤブデイリーファーム
(問) 096-242-7913

4章

私らしく装うこと

生成りのニットが似合う人に

どんな服を着ようかと迷った日は、ベージュのスカートと生成りのニットを選びます。私にとってこの組み合わせは、着ているだけで、心が落ち着く服。生成りのニットは、以前からずっと好きで、素材違いでいくつか揃え、季節を問わず着ています。

それでもふと思うのが、疲れていたり、眉間にしわが寄っていたり、怒った顔をしていると、この服は似合わないのかもと。以前のように、若くてはつらつとはしていないから、少し心にやさしさがないと、しっくりこない気がするのです。雑誌などで、生成りの服を着ている素敵な方を見かけると、どなたもふわっとやさしい笑顔で。私は着ているものに、気持ちが押し上げられるから、「今日は穏やかに過ごしたい」と思う日も、生成りの服に手が伸びます。生成りの服は、今日もやさしくいたいと思う、私の気持ちのあらわれです。

鏡を見ていると、そのときの気持ちが、表情に出ている気がします。気持ちがぎすぎすしていたら、怒っているような顔に。心にゆとりがあれば、ふんわり柔らかく……。いろいろな表情を重ねながら、日々暮らしていると感じます。そして今まで積み重ねてきた心持ちも、表情にあらわれるような気がします。余計なしわは、増やしたくないから、自然と思いやりが持てるよう、いつも笑っていようと思います。

私が二十代の頃に思い描いたのは「やさしい大人になれたら」ということ。いつまでも生成りのニットが似合うようなやさしい人でいることは、これから毎日を過ごしていくうえでの、私の目標です。

よく着る生成りのニット。秋冬はカシミヤやウール、春はコットンや麻素材。上品な雰囲気になるパールのネックレスと一緒に合わせて大人らしく。

おしゃれをするのが大好きだと思い出させてくれたバッグ。私には凛々しく見えて、持つだけで気持ちも高まります。

自分の期限を決めない

年齢とともに、持っている洋服を「あ、もう着られないかも」と思う時期がやってきます。これはきっと誰にでもあると思います。昔好きだったワンピースが急に子どもっぽく感じられたり、ずっと着ていたニットが、違うシルエットに見えてきたり。「この歳で、この服を着ていてもいい?」と自問自答……。私は、四十七歳のときに、急にそんな気持ちになりました。

だとしたら、「五十歳になったら、何を着たらいいのだろう?」と考えるように。その頃はどんな服が着たいのか、すっかりわからなくなってしまい、買い物に出かけても選べないから、とりあえず今あるもので組み合わせて。そのうち「着たいものだけ着ていよう」と色柄ものを楽しんだり、少しデザイン性のあるものを選んでみたり。私の中で、ちょっと元気になれる服を、好んで着ていました。

そんなある日、街で七十歳くらいのご婦人が、エバゴスのバッグを持って颯爽《さっそう》と歩いているのを見かけました。服は何を着られていたのか、覚えていないけれど、持っていたバッグに目が釘づけになりました。その姿がとってもかっこよくて。そのとき、ぱっと光が差したような気持ちになり、「自分が好きに楽しめばいいんだ」と勇気づけられました。それと同時に、これからはもっと自由におしゃれをしようと、思いました。

「もう似合わないかも」とおしゃれの期限を決めていたのは、私。年齢という型を自分で作り、それに自分自身を当てはめてしまったのです。もっと素直に正直に。「今の自分」が選んだもので、臆せずおしゃれを楽しめたらと思います。

乗馬の鞍にも使われている丈夫なブライドルレザーと紅籐を合わせた持ち手が長めのバッグ。甘くならずに持てるから重宝しています。

随分前に手に取った古い時計は、華奢でシンプルなデザインが気に入って。最近、ようやく似合うようになりました。

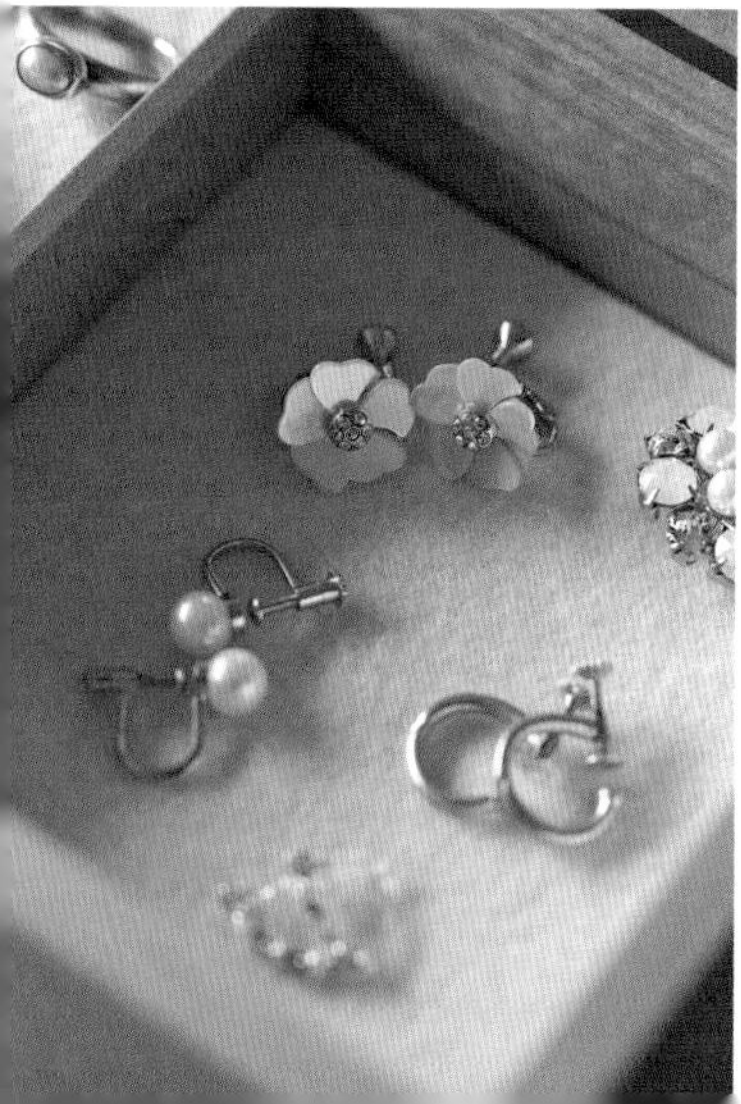

パールや貝などの白いイヤリング。昔は金属アレルギーでつけなかったけれど、今はシリコンキャッチがあるのでつけられるように。

もともと持っていたエバゴスのバッグ。2年ほど使わなかったけれど、やはり好きなものは使い続けようと思い、また使いはじめて。

しゃんとするために力を借りて

歳を重ねると、いろいろな経験をして、自然と自信がついてくるものだと思っていました。でも、そういうわけにはいかず、今は年齢なりの自信が身につけばと、自分で自分を更新しています。

長年自分をやっていると、自分自身に飽きてくることもあります。毎日一番見ているのも私で、悪いところを一番よくわかっているのも私だから、覇気がない日は、何を着ても似合わないと、意気消沈(笑)。そんな日も、自分を好きでいたいから、身のこなしがきれいな女性を思い浮かべて、真似することにしています。理想は、背筋がすっと伸びて、強さとやさしさが同居しているような人。そう思う方を考えてみたら、皆さん目を引くアクセサリーを身につけているよう。だから私も、自信がほしい日は、アクセサリーの力を借りています。

毎日必ずつけるネックレスを、誕生日に新調することにしました。見つけたのはシルバーのラリエット。素敵な方が身につけていたのが目に留まり、好きな長さでオーダーすることに。私は猫背になりやすいから、背筋を伸ばしてきれいに見える長さを測り、作ってもらいました。つけているとそこに意識がいくから、自分で気づけるようになりました。

今までほとんどつけたことがなかったイヤリングも、つける仕草が大人に感じられて。パールやシルバーなど、白っぽいものを選ぶと、疲れた翌朝も、顔まわりがぱっと華やかに見え、いつも助けてもらっています。

朝、身支度をして、気に入った「小道具」を身につけると、心もしゃんとするよう。おしゃれをした気分にもなって、気持ちも高まります。

ネックレスはずっとシルバーばかり。細工が
美しいサムロのネックレス。同じラリエット
と2本使いで胸元にさりげないポイントを。

しまうときは

長く使わないときは、空気に触れると酸化して黒ずんでくるので、密閉できる小さな保存袋に入れておくようにします。

使ったあとは

アクセサリーは1日つけていると、汗や汚れがついてしまうから、使ったあとは、メガネ拭きで拭いてから、しまうようにしています。

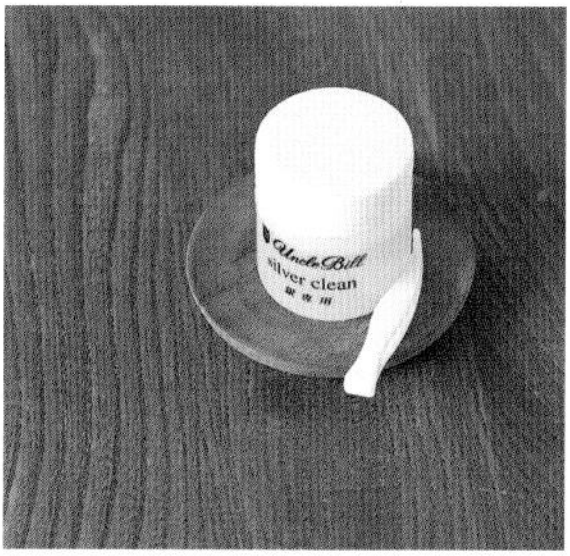

ひどく汚れたら

指輪など小さいものの汚れがひどいときは、アンクルビルのシルバークリーンを使って。10秒くらい浸したあと洗い流します。

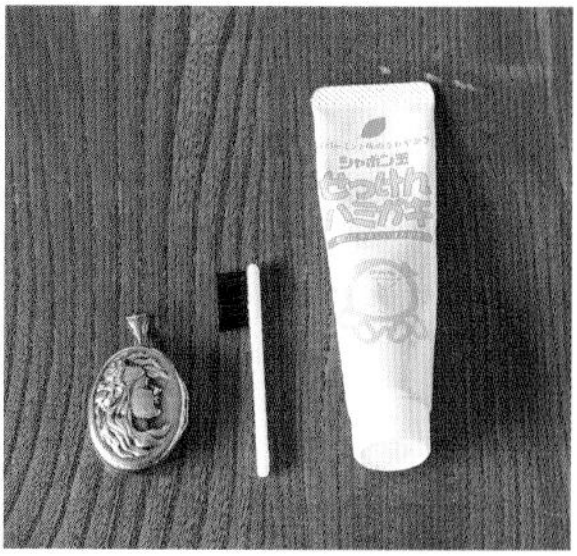

普段のお手入れ

シルバーの汚れには、シャボン玉石けんのせっけんハミガキを使っています。歯ブラシにつけて磨いたらきれいに拭き取ります。

ずっとはき続けるスカート

おしゃれをすることが好きで、少し前までは、毎日違う着こなしをするために、せっせとコーディネートを考えていました。今は心地よくいられるのなら、いつも同じ服でもいいと思うようになりました。今はきっと、私のおしゃれの過渡期。自分なりに着たい服が、少しずつしぼられてきたようです。

近頃は、家にいるときも、外に出かけるときも、選ぶのは、ほとんどスカートです。私にとって、自分らしくいられて、着ていると安心できる服は、やっぱりスカートやワンピース。私には、動きやすいのも、スタイルをカバーしてくれるのも、パンツよりスカートなのです。持っているほかの服とも合わせやすく、家事をしていても、何かの作業をしていても、スカートのほうがしっくりきます。

昔、スタイリングの仕事をしていたときは、動きやすいようパンツばかりはいていました。しばらくしたら、クローゼットの中はすべてパンツに。少し前までは、気分を変えるような気持ちでパンツをはくこともありましたが、やっぱり、自分に似合うのはスカートだと、あるときふと気づきました。背が低い分、パンツだと、どうしても自分で思うバランスにはならなくて。無理して迷うより、選びやすくて自分も好きなら、あれこれ手を出さなくていいと思うようになりました。

それからは、クローゼットの中もワイドパンツやフレアーパンツなど、少しスカートと同じ匂いのするものだけを残し、整理することに。これからは、スカートを自分らしいスタイルで、着こなしていこうと思っています。

YARRAのギャザースカートは丈とボリュームがちょうどよくて、子どもっぽくならずに着られるから、季節を問わずはいています。

Ａラインのデニムスカート。すっきり見えるように、黒を使って引き締めて。トップスをインにして、ベルトでウエストマーク。

今の私を高めてくれる服

好きだった、ナチュラルな服が流行りすぎたときに、着たい服がわからなくなってしまったことがあります。何を着たいのか、選択肢がありすぎて選べなくなったようです。ずっと馴染むものばかりを着ていると、ちょっとはっとするものが着たくなる。今までにもそういう瞬間が、何度か訪れたような気がします。

そんなときに、コムデギャルソンに立ち寄りました。店先にあったニットのデザインに惹かれ、手に取ったのは、梳毛《そもう》のニット。Vネックの、シンプルなものですが、さらりと一枚でもきれいに着られて、さまになることにも感動して。「こんな風にちょっとトラッドな服が好きだったんだ」という、私の好みも、思い出させてくれました。梳毛とは羊毛の長い糸を引き揃え、なめらかにきれいに整えられたもの。

手触りのよいものや、着心地のよいものは、五感に作用して気持ちを高めてくれるよう。誰かの手で丁寧に紡がれたこのニットは、「自分をしっかり持っている人」によって作られたと思うから、身につけるだけで私も自信をもらえた気になって。このニットを毎日のように着続け「いつも着てるね」と言われるほど着倒して……。私の着こなしを前進させてくれました。

上質なものは、いくつになっても着続けられるはず。歳をとると似合うものが少なくなるから、こんな選び方があってもいいと思います。流行りにあまり左右されず、自分が着ていて心地よいと思える服を着る。こんな風に新しい発見があると思うと、「おしゃれはまだまだ奥が深い」と思うのです。

トリコ コムデギャルソンのニット。どちらも梳毛で、体形に響かない、きれいなシルエット。着ると考え抜かれたデザインだと実感します。

着たあとは、マワハンガーにかけて、カシミヤブラシで整えたり、風通しのよい場所で休ませたりしながら、大切に着ています。

カシミヤブラシと毛玉を取るはさみ。ウールは虫がつきやすいので、シダーの香りのオイルを木のブロックにしみ込ませ、一緒に引き出しに入れています。

ウール用やおしゃれ着用の洗剤をいくつか揃えています。酸素系漂白剤がスプレーになっている、THEのステインリムーバーはウールやシルクにも使えます。

好きな服は手入れをして

手入れをするのもおしゃれのうちだと、思っています。もともと雑貨でも服でも、気に入ったものを手入れすることが好きなのです。ニットやシルクは虫に食われやすいから、防虫剤は欠かせないとか、スカートは次にはくときにさっと出かけられるよう、アイロンをかけておくとか、段取りを考えるのも楽しくて。ウールのものは着るたびに洗わなくても、専用ブラシをさっとかけるだけで、驚くほど手触りがなめらかに。こんな達成感も気持ちいいのです。だから、着たあとは服の素材に合わせ、いつも手入れをしています。

ニットも自分で手洗いしています。襟ぐりの汚れを下洗いしたら、たらいにつけておき、さっとすすいで洗うだけ。柔軟仕上げ剤を使うと、よりふっくらとして着心地もよく。普段使っているのは、ボトルのかわいさにつられて買ったおしゃれ着用洗剤。ラベンダーの香りがふんわり残ります。衣替えなどで長期間着ない服は、防虫剤と同じシダーの香りの洗剤で洗っています。ちゃんと手入れをしていれば、洋服は新鮮なまま。古びて見えなければ、また着たくなるから、少しでも長く着続けられるよう、手をかけて大切にしたいと思います。

年齢を重ねると、着られなくなる服もあるけれど、寝かせておくと不思議と似合うようになるものもあります。だからそう思うものは、丁寧に手入れをしたら、次の出番が来るまで、不織布のカバーをかけてクローゼットに並べておくことにしています。

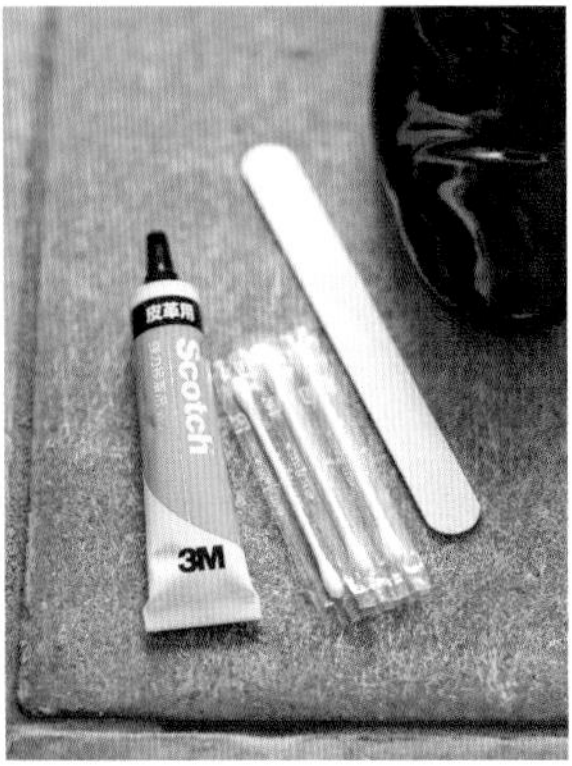

エナメルの靴の革がほんの少しめくれてしまったので、修理に出さずに自分で直せるように、皮革用の強力接着剤を買って留めています。

ひび割れや乾燥した革に栄養を与えるクリストフ・ポーニーのレザーセラム。ひび割れしやすいパンチングの穴のまわりに塗り込みます。

靴が汚れたら、サフィールのレノベイティングカラー補修クリームを布を使って薄く塗り広げながら染めると、きれいに馴染みます。

ブリオのレザーコンディショニングクリームは、べたつかず、靴だけでなく財布などの革製品に。栄養を与えてつやを出します。

小さなブラシは細かい部分に靴墨を塗るときに便利。着古したTシャツを使って傷つけたことがあり、靴磨き専用の布を使うように。

靴を磨く、修理する

手入れ好きの私にとっては、靴は格好のアイテム。それでも、気に入った靴を履きすぎて、履き込んだというよりは、汚く見えてしまい、出かけた先で、少し恥ずかしい思いをしたことがありました。だからそれ以来、普段の手入れだけでなく、色やしわのメンテナンスも心がけるようになりました。

靴は履かなくても並べておくだけで、乾燥したり、ひび割れたり。新品のまま十年ほど履かずにしまっておいた靴をおろしたら、内側のコーティングが歩くたびにぽろぽろ剥がれてしまい、困ったこともありました。だから、年に二度ほど季節の変わり目に、衣替えも兼ねて持っている靴の手入れを一気にしています。

その日は、靴をすべて出して、ひとつひとつ確認しながら、手入れをしていきます。そのときに靴底が減っているものは、まとめて修理に持って行きます。用途に合う専門のオイルやクリームを探し、色落ちや小さな剥がれなど、自分できれいに直せたときは、うれしさもひとしお。それから、簡単な修理は自分でするようになりました。

革に栄養を与えるオイル、白とシルバーの靴が汚れたときに革を染められるクリーム、剥がれた革を修復するボンド、靴の汚れを落とすときのブラシ……など、修理など特別な手入れに使う道具は、わかりやすいよう、ほかの靴クリームなどと分け、道具箱にしまうように。通販で見つけたMOSO NATURALという消臭バッグも、靴箱の悪臭やカビなどを抑えるようで、じめじめする季節も全く臭わなくなりました。

その季節に履かない靴は、箱に入れたまま収納して。中身がわからなくなるので、写真を撮って箱に貼っておくようにしています。

レースアップが大人らしく、かっこよく見せてくれるレペットのZizi。エナメルのパテントレザーと、マットなゴートスキン。

工具を入れようと思っていたツールボックスに、靴の修理道具をしまって。竹炭が入っている消臭バッグは、湿気取りにもなるよう。

シックにかっこよく

おしゃれは足元から。よくいわれることですが、その言葉通り、洋服のコーディネートをしていて、なんとなく決まらない日も、靴を履くだけで、全体がまとまった気になるから不思議。靴のおかげで、おしゃれ心が満たされたことが、何度もあります。

昔から、素足よりも靴下を履いているほうが落ち着きます。素足だと、どうしても冷えるせいか、足がつってしまうのも理由です。私は足のサイズが小さく、靴選びが大変で、以前は多少大きくてもかわいければいいと何枚も中敷を敷いて、履いていたこともありました。それだとやはり履かなくなるから、靴は足馴染みがよくて、履きやすいのが一番だと思うように。年齢とともに、硬い素材の靴や、複雑な靴も、だんだん履かなくなりました。

ここしばらくは、季節にかかわらず、レペットの靴を履いています。日本のサイズだと、靴下を履いてしっくりくるものが、なかなかないのです。靴のサイズも、日本のサイズとちょっとだけ違うようで、私の足にぴったり。最近はレースアップのＺｉｚｉをよく履くようになりました。コーディネートを引き締める役目も担ってくれて、特にシルバーのものは、なんでもない服もおしゃれに見せてくれるから重宝しています。「靴はこれ」と、決めてしまうと、あれこれ見なくなる分、選びやすく、気もラクになりました。

この靴は、するっと履きやすいところも機能的で気に入っています。どんな靴でも履くときに時間がかからないほうが、スマートに感じるから、さっと履けるよう、いつも小さな靴べらをバッグの中にしのばせて、持ち歩いています。

雨の日の支度はまだ半分

しとしとと雨が降る日も好きで、もともと人混みが苦手だから、人が少ないこの日を選んで出かけるようになりました。旅先でも、雨だと気持ちが落ち着いてほっとするほど。そんな雨の日に、ひとつだけ気がかりだったのは靴のこと。長靴は、おしゃれなものがたくさん出ているけれど、私は身長が低いせいか、どうも似合わなくて。ロング丈の長靴はひざが曲げにくく、半端丈だと、スカートの裾が中に入ってどうにも歩きにくいのです。大雨の中、おろしたての靴をダメにしたこともあるから、雨の日の靴選びは、いつも課題でした。

そんなある雨の日、外の撮影で仕事仲間が履いていた靴がとてもかわいくて聞いてみたら、「レインシューズです」と言われてびっくり。私にはエナメルの靴にしか見えなくて。調べてみたら、ゴム靴のブランド、ヘンリーヘンリーのもの。値段も手頃で、小さいサイズもあったので、「こんなものを探していたんだ」と思い、衝動買い。履き心地もよく、レインシューズっぽくないデザインだから、途中で雨がやんでしまってもいい。ちょっとかかともあって、子どもっぽく見えないのもうれしいところです。雨の日に安心して出かけられるから、これまで待っていた甲斐がありました。

もうひとつ、欠かせないのは傘。折りたたみ傘は気に入ったものがありますが、長傘はもう十年以上探し中。傘の柄は木の「J」型で、柄ものをと思っているのですが、なかなか出会えなくて。傘探しは、まだしばらく続きそうです。

レインシューズのお手入れに使える
ウォーリーのマルチカラーローショ
ン。布につけてさっと拭くと、劣化
防止になってつやも出ます。

綿や麻のハンカチとタオルハンカチ。どちらも真っ白が気持ちいい。イニシャルの刺しゅうは、オーダーしたり、自分で施したり。

白いハンカチをいつもバッグの中に

二十歳で働き始めたときから、きちんとした人になれそうで、出かけるときは、バッグの中にいつもハンカチを二枚用意していました。一枚は手を拭くときに使うもの。もう一枚は食事のときにひざにかけたり、何かを包んだり。何事も形から入る私の、大人としての小さな決意だったのかもしれません(笑)。その習慣は今でも続いていて、最近は、手拭き用には、吸水性のよいタオルハンカチを、もう一枚は綿や麻のものを使っています。

以前は、色柄のハンカチも使っていましたが、今は二枚とも、白いハンカチに。レースがついたものや、刺しゅうやイニシャルが入っているものをバッグにしのばせると、ちょっと特別に感じます。ハンカチを「白」と決めたのは、漂白するため。いつだったか、アイロンをかけたときに、臭い残りが気になったことがあったからです。それ以来、日々使うものだから、いつも清潔にと思い、漂白できる白いハンカチを使うようになりました。次に気持ちよく使えるよう、すっきり汚れも臭いも落として。ハンカチもタオルなどと一緒に、酸素系漂白剤と重曹を混ぜたものにつけ置きしてから洗っています。

洗濯したハンカチは、四隅を揃えてアイロンをかけ、玄関先のチェストにしまっています。出先から帰ってきたら、使ったハンカチを洗濯に出して、またすぐにバッグの中に、新しいハンカチを二枚揃えて。こうして準備しておくと次に忘れることもありません。さりげないことだけど、日々大切にしたい、大人のたしなみです。

5章

人と重ねる時間

私の言葉選び

仕事先で、私が一番年上という状況が多くなりました。ふとそんなことに気づき、「まいったなぁ」と心の中でくすっと苦笑い。それから少し自分なりに意識して、言葉選びをするようになりました。今までの私なら、何かトラブルがあったとき、自分かな？ と思い、とっさに「すみません、私ですか？」と、何気なく尋ねていました。でも、この歳で一歩下がってばかりでいると、「この人にまかせても大丈夫？」と、かえって不安にさせてしまう。だから、いつも落ち着いた態度でいることが、大切だと思うようになりました。へりくだりすぎず、そして穏やかに。肩の力をすっと抜いて、そこにいられたらいいと思っています。

もうひとつ、気をつけているのは、まわりを緊張させない、言葉選びをしようと。「こうしたほうがいいんじゃない？」ではなくて、「私はこう思うけど、どう？」と聞くようにしたり。ちょっと深刻な話でも、笑顔でさらっと明るく尋ねてみたり。表情や言いかた次第で、同じことでも随分違って感じるから、肩肘張らず、そしてちょっとだけ明るくを心がけています。

あるとき友人が「荷物が届くと言っていたから、手伝いに行くけど、何時に届く？」と聞いてくれました。「手伝いに行こうか？」だと頼みにくいけど、こう聞かれると、頼みやすくて。もちろん、断る余地も与えてくれるから、人に気を遣わせない。そんな言葉選びができる友人が、とても素敵に感じられて。まわりにいる人から学ぶことも、とても多いのです。だから、自分がいいなと感じた言葉選びをする方がいたら、大事なお手本にして、どんどん真似させてもらっています。

受け取ったときに気持ちが明るくなるようなメールを書けたらと思い、文面が素敵な方の書きかたも、いつもお手本にしています。

以前使っていたクラフト紙で仕切られ、4つに分かれたこのノートは、1冊ですべての予定が見やすく。

気持ちも手帖も四等分

日々の予定や、やることリストなど、なんでも書き込むノートを、もう三十年ほどつけ続けています。書くことは私にとって一番気持ちをまとめられること。書き綴ることで、だんだん頭の中がまとまり、気持ちが整理されていきます。

いくつものことを平行してやっているときは、1冊のノートを四等分に区分けして使います。四つの項目は、そのときどきによって変わり、仕事のこと、家族のこと、家のことなど、そのときに自分が大切にしたい項目ごとに分けています。仕事欄には、原稿の締め切りや撮影の予定を。家の欄には振込や日用品の注文のことを。家族の欄には義母の病院の予定や夫の仕事スケジュールなどを。すべて大切で忘れないでいたいから、大事な事柄を書き出しておきます。

それ以外に、書き残しておきたいこともあります。その日に思ったことや、行った場所、私が感じたさまざまなことを、書き記しています。ノートに書きながら、日々の生活は、自分だけでは成り立っていないことに気づきます。いろいろなことや、たくさんの人に関わりながら、毎日前に進めている。そんな日々にとても感謝しています。

ノートの中には、そのときどきの私が詰まっています。「あの時こうすればよかった」と後ろ向きになったとき、「以前の自分はどうしていたのだろう」と迷ったとき、そんなときは昔のノートを見返して。今の状況と重なる言葉が見つかり、ちょっとしたヒントがもらえることも。あのとき頑張れたから、きっと乗り切れる。日記のような、自分の成長の記録のようなノートです。

昔の祖母のように

私に家事を「好き」だと思わせてくれた祖母に、とても感謝しています。家事は毎日のことだから、好きと思ってやるのか、苦手と思ってやるのかでは、心持ちが違ってくると思うのです。

私が幼い頃、母が仕事をしていたので、家事のほとんどを祖母が担ってくれました。家事をそつなくこなす祖母の姿を、ずっとそばで見ていたせいか、結婚してから、なんのためらいもなく、家事をするのが当たり前になりました。今、こうして、洗濯や掃除が好きで、楽しみながらやれていることが、もし祖母譲りだとしたら、なんだか誇らしく、とてもうれしく感じます。

そして、祖母が本当にすごいのは、いつも穏やかでイライラしている姿を見せなかったこと。私たちには、見せないようにしていたのか

便利な道具や洗剤もない時代に、
祖母はいつもきれいに洗濯物を
洗ってくれました。だから私も
そうしようと思います。

もしれませんが、愚痴を聞いたこともありませんでした。どんなときでも笑顔をたやさず、頼もしく、愛情豊かで。「この人がいれば大丈夫」、そう思わせてくれました。

そんな祖母は、いつからか、私にとって、憧れの人であり、指針のような存在になりました。私が家事を頑張れるのも、祖母のおかげ。思いやりを持って過ごそうとか、笑顔でいようとか、疲れているとつい忘れてしまいそうなことも、思い出させてくれます。「この人をお手本にするともうちょっとだけ頑張れる」。そう思わせてくれる人がいることは、とても幸せなこと。もしこれから、祖母の歳まで私が生きるとしたなら、あと三十年。歩幅は狭くても、一歩ずつでもいいから近づいていけたなら、祖母のように、私も心穏やかなかわいいおばあちゃんに、なれそうな気がするのです。

玄関に置いている買い物かご。私が幼い頃に、
祖母が持っていたのと似たようなものを使っています。底が平らなので、卵や果物などつぶれそうなものも安心して入れられます。

叱られたから今がある

二十代の頃、当時働いていた会社で、お茶を出したら、上司に「まずい」と言われ、流しに捨てられたことがありました。今思えば、お湯を入れてから充分に待たずに注いでしまい、薄かったのかもしれません。緊張していたこともあり、早く終わらせようと、ただ「お茶を淹れる」という行為をしただけでした。飲む人がおいしく飲めるようになんて、全く頭になかったのです。叱られたときは、随分落ち込みましたが、誰かに指摘されて初めて気がつくこともあります。

若い頃はできないことが多くて、叱られてばかりでした。でも、叱られることをポジティブに変換している自分がいました。「明日からおいしくお茶を淹れよう」「早く仕事ができるようになろう」と。そうやって日々頑張りながら、いつもそんな風に思えていた昔の自分が、なんだか頼もしく感じます。おかげで、今はおいしいお茶を淹れられますし、いろいろな段取りも、つけられるようになりました。仕事で教わったことすべてが、今の私の糧になっています。

人を叱るのは、すごくエネルギーを使う、大変なことだと思います。人に何かを伝えるだけでもパワーがいるのに、相手のよくない部分を指摘するのは、もっと大変。叱る側の心持ちのほうがずっと痛いことでしょう。だからあのとき、叱ってくれたことに、今は感謝の気持ちを寄せています。

この年齢になると、まわりに叱ってくれる人が少なくなってきました。だからこの先は、自分が自分の叱り役。いろいろなことに目を配りながら、初心を忘れず、いたらなさをきちんと自分で気づけたらと思うのです。

この歳になると、親戚の集まりなどで、お茶を出す機会も増えます。そんなときも、いつもおいしくお茶を淹れたいと思います。

気持ちが沈んだときは、ちょっと元
気なふりをして、手土産を抱えて誰
かに会いに。そうすると帰ってくる
頃には心がふわっと温かくなって。

元気な人に会いに行く

いつもはなんでも前向きに取り組める私も、忙しいとちょっとから まわりして、行き詰まってしまうことがあります。そんなときは、自分の気持ちの切り替えかたを、知っておくと立ち直りが早いよう。私の一番の薬は、元気な人に会うこと。信頼している心通う方にお会いすると、心がさっと晴れて、パワーをたくさんもらって帰れます。

いつも元気をもらっている、魅力のある人に共通しているのは、心から楽しんで何かを頑張っていること。主婦の友人なら、家族のことを全力で支えていたり、ショップのオーナーさんなら、いつも明るく、いろいろなことを笑顔で教えてくれたり。自分の仕事に誇りを持って働いている人も、かっこよくて私も頑張ろうと思えてきます。はつらつとしている彼女たちと会って、私も普段通り明るく、他愛のない会話をしていると、その言葉の端々から、つらいことも大変なこともあって、お互い同じなのだと感じて。「あの人も頑張っている」ということが、自分を助ける力になり、後ろ向きな気持ちも消えていくのです。

もうひとつの薬は、画面の中の元気な人に会うこと。頑張っている人が出ているドキュメントを観たり、気持ちをリセットできそうな番組を録画しておいたり。ひとりで考え込んでいるよりは、誰かの力を借りるのも策。人からいい影響を受けて、自分のエネルギーに変換していくことも、毎日をおおらかな気持ちで過ごすための大事なきっかけになりました。

そうしながら、自分が後悔しないよう、いつも少しだけ頑張って。ダメだったという記憶が残るより、未来の自分への励みになると思います。

10月は小豆が旬だと何かで見て、この日の食事のあとのデザートは、餡を使った今川焼きに。少し寒くなってきたから、生姜を使ったピリっとした風味のお菓子を口直しに。抹茶も一保堂の「月影」にして秋を味わいます。

友人とお茶をするのを楽しみに花を飾ったり、いつもより念入りに掃除をしたり。食器も揃え準備を終えたら、部屋も整った感じがします。

季節を感じるお茶の時間

なんでもないことを気軽に話せる友人の存在は、私にとってかけがえのない宝物。一緒に歳を重ねながら、もう二十年以上親しくしています。なかなか集まる機会は少なくなったけれど、近況を、愛猫の画像と一緒に送ってくれたり、季節の便りが届いたり。これまでいろいろな経験を一緒にしてきて、お互いのことをよく知っている、そんな安心感もあるのだと思います。

特に仲のよい友人とは、月に二、三度うちでお茶をしています。友人のお母さまのお宅がわが家の近くということもあって(笑)、定期的に会いやすいのです。お昼にしたり、お茶にしたり、そのときどきでくつろいだ時間を過ごします。

せっかくなら、ふたりで季節を感じられたらと、お互い旬のものをいろいろ持ち寄って。春には桜の塩漬けで茶粥を作ったり、六月には紫陽花のお菓子を取り寄せたり。花を飾り、器を選んだら、会話に花を咲かせて。こういう楽しみかたは、女友達同士の特権。おいしいものに囲まれてゆっくり話していると、慌ただしい日常を離れ、リフレッシュできるのです。

お互いつらいときも、ただ話を聞いたり、聞いてもらうだけで、気持ちもほぐれていきます。なんとなく落ち込んでいるときでも、一緒にお茶をしながら、何気ない言葉で、心が軽くなったこともたくさん。でも、つらいときは、なかなか人に助けを求められないこともあるから、もし私がそのことに気づけなくても、この時間が、ささやかな楽しみになったらうれしいと思います。これからも大切にしたい、かけがえのない時間です。

ベランダの紫陽花を愛でようと友人を誘ってお昼を。紫陽花の和菓子も添えて大輪の芍薬も飾って、梅雨の時季を華やかに。

私の新刊が出たので、手伝ってくれた友人と一緒に、お祝いがてら、お疲れさま会を。この日のアペリティフは、ノンアルコールの梅酒。

前の日にカレーを作ったから、友人とのランチは、カレーセットに。宅配で届いたナンを今日のメインに、旬の柿を添えて。

足が悪くてなかなか行楽に出かけられないから、この日は秋の行楽弁当に。いただいたバターがとてもおいしくて、ご飯ではなく、パンに。

義母から譲りうけたもの

昨年、夫の父が倒れました。悲しいお別れをするまで、たった二か月半。突然のことで、義母も私たちもときの流れが速すぎて、気持ちが追いつかず……。少しでも父に心地よく家にいてもらおうと、夫の実家を片付けながら、義母から「いるものがあったら持って帰っていいよ」と言われました。私が選んだのは小さなカクテルグラス。これを義父と買いに行ったときのエピソードを聞きながら、私たちの記念日に使えたらと、二脚持ち帰りました。

義父と義母とは、一緒に温泉に行ったり、夏の暑い京都をガイド片手に旅したり……。いつも私の父と母だと思い、過ごしてきました。たくさんの幸せな思い出を抱えながら、父がもうそろそろ……となったとき、母から「お葬式は、すべて彩ちゃんにまかせるから」そう言われました。私は、長男の嫁で、母にとっては、初めての嫁。二十代そこそこで結婚した私に、いろいろなことを教えてくれました。そして、義母もまた長男の嫁。今まで義母がしてきたことを、バトンタッチされた気になりました。大人として、初めての仕事を言い渡されたような心持ちにもなりました。

とても好きだった義父を大切に見送れるよう、詳しく調べたり、勉強したり……。とうとうその日を迎えました。そうした悲しい日々のなか、さまざまな経験をしたことで、前よりも少し大人になった気もしています。年月を重ねながら、多くのことを、教わったり、譲られたり、託されたり。そうしながら、誰もが人生に必要なことを、引き継いでいくのだと感じています。義母から譲りうけたものを、今度は私が守っていけたら。そう思うこの頃です。

記念日などの節目に使いたいカクテルグラス。日本酒はほんの少し飲めるので、この小さなグラスで1杯だけいただきます。

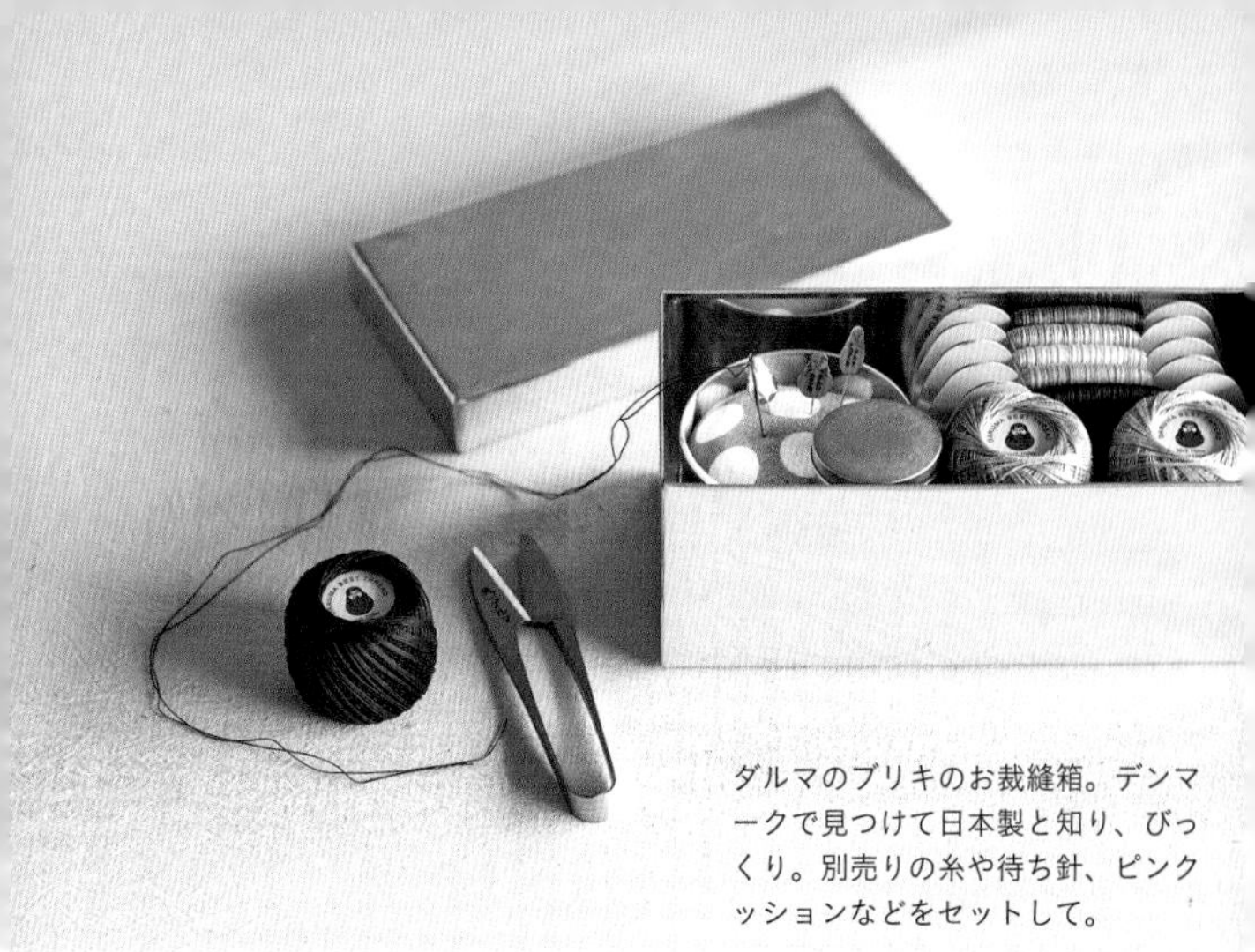

ダルマのブリキのお裁縫箱。デンマークで見つけて日本製と知り、びっくり。別売りの糸や待ち針、ピンクッションなどをセットして。

友人に

針と糸を持つ姿や、お裁縫箱が家庭にある光景が温かく感じて、持っていない方がいたら、ついプレゼントしたくなります。

一筆箋を入れたりするときに使うぽち袋。きれいな柄がたくさんあるので、好きなデザインを見つけたら買っておいてストックしています。

感謝の気持ちを贈る

お世話になった方や友人に、「ありがとう」の気持ちを伝えたいときに、ささやかな贈りものをしています。花を添えたり、ぽち袋に一筆箋を入れて、メッセージをしたためたり……。喜んでもらえたらと思う、私の気持ちも一緒に包み、お渡しします。最近選ぶのは、自分が使ってよかったものやおいしかったもの。話していて手作りの話題になり、お裁縫箱を持っていないなんて聞くと、つい贈りたくなるのです。

贈りものは、相手のことを考えるのが一番大事だと思います。最近、普段あまりお付き合いのない方や目上の方に、贈りものをする機会も増えました。贈りものはその方への思いのしるし。贈った先に安心してもらえるよう、百貨店や名の知れた老舗でもとめ、包みも店名がわかる包装のまま、お贈りするようにしています。余計な気を遣わせず、その方を大切に思っている気持ちも添えてお届けします。

友人へのプレゼントは、気軽に使ってもらえるものを。相手の暮しにすっと溶け込むようなものを選ぶようにしています。最近友人に贈ったのは、小さなトレイ。ご主人が自宅の二階で仕事をしていると聞き、お茶やお菓子を出すときに便利だろうと、贈りました。

贈りものは、笑顔でさらっとお渡しして。そうしたら、相手にも気負いなく受けとってもらえるよう。差し上げる方の負担にならないちょっとしたものを、スマートに渡す。それが自然にできる大人でいられたらと、いつも思います。

親しい友人に

親しい友人には、何がほしいかを事前に聞いてから贈ることがほとんど。ちょっとだけ工夫をこらして、手作りのバッグに入れて渡しています。

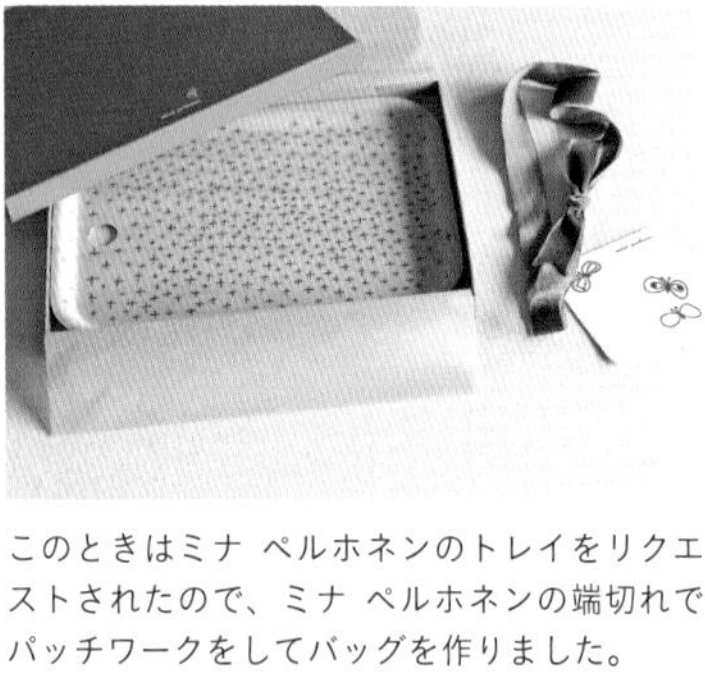

このときはミナ ペルホネンのトレイをリクエストされたので、ミナ ペルホネンの端切れでパッチワークをしてバッグを作りました。

目上の方に

目上の方には、きちんとしたものを選び敬う気持ちも贈ります。包み紙が美しい老舗のものを選んだり、熨斗《のし》をつけてもらったりして、ちょっとした心配りも添えて。

お世話になった人に

お世話になった人には、自分が使ってよかったものを選びます。お返しのことを気遣わせないくらいの、さりげない贈りものができたらいいと思っています。

HIGASHIYAの桐箱の詰め合わせは、祝事にも弔事にも使え、同世代や目上の方への贈りものとして。お菓子だけだと食べきれないこともあるから、お茶とのセットに。

ジョンマスターオーガニックの「アルガンオイル」は、手や唇、髪の毛などいろいろなところに使えて便利。季節の花を添えて贈ります。

父との昼食

私が足を悪くしてから、実家の父が病院への送り迎えをしてくれたり、心配して家に来てくれたりするようになりました。大きくなった枝ものの植え替えも、助けてもらっています。そんなとき、「ありがとう」と思いながら、家で父と一緒にお昼を食べるようになりました。ご飯とお味噌汁、煮物など、なんてことのない食事を出したら、「おまえ、こんなお味噌汁を毎朝(夫に)出してやれ」と言うのです。「毎日作っているよ」と言ったら、「そうか……」と。父にとって、私はいつまでも子どものままで、もしかしたら娘がだしを取り、毎日味噌汁を作っている姿など、想像もできなかったのかもしれません。

考えてみたら当然のこと。父のことが好きで、反抗期などなかったけれど、父とふたりだけで過ごす時間は、ほとんどありませんでした。

結婚してからはなおさらで、自分の暮らしに追われるばかりで、ときどき会ってもあまりに近すぎて、お互いの近況を話すくらいで。それに気づいたら、わが家で父に食事を作るのが、とても幸せなことに思えてきました。

大人になると、自分の親も歳をとって、関係が変わってくるように思います。今までは親に守られていたけれど、自分が守らなくてはという気持ちになったり、すべてに感謝するようになったり。お互いがより素直な関係になるのだと思います。

今、一緒にご飯を食べながら、父と「昨日あれ見た?」「病院行った?」と何気ない会話ができることを、とてもありがたく感じます。一緒にいるときぐらいは、ほんの少し手をかけたご飯を作り、大切に過ごしたいと思う今日この頃です。

父と一緒の食事は、特別なものではなくて、普通のものがいいと思っています。だしを丁寧にとって、お味噌汁や煮物を。

夫と飲むコーヒーは決まってネスプレッソ。さっと飲めて、さっと片付けられるから、これにしようとふたりで話して決めました。

ふたりの時間

夫婦の気持ちを揃えておくと、何かあっても、歩み寄っていける。私はいつもそう思っています。長年夫婦をしながら、夫とふたりで過ごしてきました。子どもがいない分、時間も気持ちも、ふたりで共有して。美術館や映画など、私が本当に行きたいところや観たいものは、夫と一緒に出かけるようにしています。無口な夫だから、仕事のことや、その日にあった出来事は、いつも私から聞き出して……。そんな、なんでもない日常を大切にしたいと思っています。

朝と夜の食事のあと、特段何もない日は、ふたりでコーヒーを飲みます。夕食の片付けをし終えると、合言葉のように「コーヒー飲む?」と聞いて。夫婦で一番会話をするのが、この時間。食事を終えてほっとしているので、「今日、どうだった?」「これが来てたけど、どうする?」といった他愛のないことを話したり、いろいろなことを相談したり。なんでもふたりで話しながら決めるようにしています。

ふたりでいるときの、ひとりの時間も大切にしています。以前は、夫がいるときは仕事はしないと決めていました。今でもなるべくそうしているのですが、あまりに忙しいと、私が心ここに在らずになるから、ちょっとだけ緩めて。「仕事してもいい?」とひとこと聞いてから、するようになりました。そんなとき、夫は傍らで普段と変わらず本を読んだり、パソコンで調べものをしたり。私が仕事をしていても、特別何も変わらないのだと気づき、気持ちがラクになりました。夫がいると、私もいつもより素直な心持ちで、原稿を書き進められたり、早く終わらせようと集中したり。以前は、よい妻でいようと頑張りすぎていたのかもしれません。お互い飲みたいものを飲みながら、夫は音楽を聴いたり、テレビを観たり。別々に過ごしていても、ひとりではないと感じるから、今の過ごしかたが心地いいのだと思います。

昨年、夫の父が亡くなりました。闘病中は、戸惑いながらも、日々穏やかに過ごすことができました。それはきっと、少しずつ積み重ねてきた信頼関係があってこそ。まわりにも同じような方が何人かいらっしゃって、そのご夫婦の暮らしぶりを見ていても、私たちと同じような月日を過ごしてきたのだと感じました。

長年夫婦をやっていると、いいところも、ダメなところも、言い訳のしかたも(笑)、いろいろなことがわかってきます。でも、そんなことはお互いさまだから、いつも思いやりをもって過ごせたらと思います。「洗濯物を干してくれて、ありがとう」とか、「今年は一度も風邪ひかなくて、よかったね」とか。ささやかなことだけれど、日々感じた「いいこと」を口に出して伝えています。毎日は、そんなに幸せなことばかりではありません。ときには、つらいことも、悲しいこともあります。そんなときは、声をかけあってお互いの心を温めて。いくつになっても夫婦として成長していけるよう、歩んでいけたらと思います。

ふたりで出かけるときはコーヒーをタンブラーに入れて。仲よくさせてもらっているchabbitさんの「DEMITA wall mug」は使いやすくて気に入っています。

ひとりで飲むときは、カリタでドリップコーヒーを。ぽこぽことコーヒーが膨らむのを眺めながら淹れています。

けんかをしたあとは

夫は穏やかな人で、私ものんびりしているほうですが、やっぱり夫婦ですから、ときにはけんかすることもあります。けんかをすると、たいてい夫は寝室に行って、私はキッチンに。狭いわが家なので、壁一枚隔ててただけですが、お互いひとりになって、それぞれに気持ちを落ち着かせます。

心がとげとげしたままだと、そのあともつい言葉尻に悪意を含んでしまうから、なるべく早く「ごめんなさい」と言えるよう、冷静になれる時間をゆっくり待ちながら、何かをして心を穏やかに整えるようにしています。

どうしてこうなるのだろうと考えてみると、やはり気持ちのすれ違いがあるよう。長い間一緒にいても、やっぱり思っていることは言葉にしないと、伝わらないのだと思います。お互いいたわりあうべきなのに、目先のことに追われていると、つい思いやりに欠けてしまうように感じます。ひとりになっても、どうしても納得できないときは、小さな声で「さっきのは、やっぱりやさしくない！」などと、声に出してみたりもします(笑)。そうすると、ちょっとすっきりして、だんだんと、まあいいか、と思えるようになるのです。

私は昔の写真を一枚、手元に置いています。見ていると当時の記憶が蘇って、その頃の気持ちを思い出します。けんかの翌日、結婚した頃友人にもらってふたりでよく聴いていたCDを私が買って帰ったら、夫も偶然用意していたことがありました。そのときは、お互い心の中で、何か感じながら、素直に謝ることができました。一緒に過ごした時間を積み重ねてきたからこそ、これからも素直になれる関係でいられたらと思います。

結婚したての頃、友人からもらった竹内まりやさんのCDを夫と一緒に聴いて。音はその頃の記憶がそのまま蘇るので、初心に返ることができます。

けんかをしてひとりになって、黙々とキッチンの掃除をしていると、いつの間にか気持ちも浄化されるよう。キッチンもきれいになって心もすっきりします。

クリムの居場所

愛猫のクリムは、今年で九歳になります。猫なのに気ままなところが全くなくて、いつも私のすぐそばで過ごしています。怖がりなので私も無理やり抱きかかえたりせず、ただそばで見守るだけ。遊びたいときは、ものすごい勢いでやってくるから、私も手を休めて、一緒に遊ぶようにしています。

私が椅子に座っていると、クリムも椅子の下に来てゴロンと寝転びます。木の床のままでは、落ち着かないだろうと思い、何年か前から、ラグを敷くようになりました。臆病で、リビングからほとんど出ないクリムですが、いくつか好きな場所があり、このラグの上もクリムの気に入った居場所になりました。

クリムと暮らしながら、毎日顔がほころぶ瞬間がたくさんあります。

寝顔を見ているときや、伸びをしているとき。まっすぐな目で私を見て、ご飯を待っているとき。そんなクリムをいとおしく感じながらいつも伝えたいのは、「今日もそばにいてくれてありがとう」ということ。家事をしているときも、全力で邪魔しにくるクリムに、いつも癒してもらっています。

私は、幼い頃から、愛されているという実感を持って暮らしてきました。だから、私にとって大切な家族である夫にも、クリムにも、そう感じてもらえたらうれしく思います。猫は人間ほど、長くは生きられないから、どんな瞬間も、ただ愛されているのを感じながら、暮らしてほしい。だから、クリムが何か悪いことをしても、怒らないようにしています。この人だけは怖がらなくてもいい人だと思ってもらいたいから、つい、なんでも許してしまうのです。

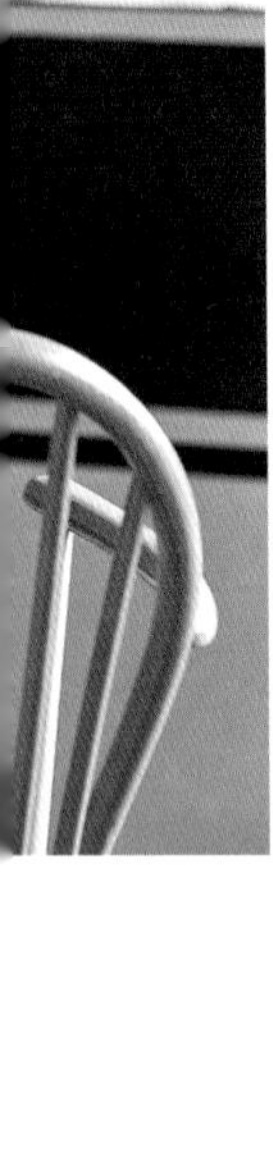

猫は箱の中が大好き。ダンボール箱が空になると、すぐに中に入ります。荷物が届いたときは、遊んでもらえると思っているようです。

いつも私が座っている椅子。匂いがあるからなのか、私が家事などをしているときは、この椅子の上に座ってじっと見ています。

文庫化に寄せて

この本が出版されてから、もう五年の月日が経ちました。文庫化にあたって久しぶりに本を読み返すと、当時の暮らしを懐かしく思うページもあれば、今とそう変わらないところもあります。

小さな変化は、毎日欠かさず飲んでいた抹茶が、香りに癒されるフレーバーティーになったり、冷蔵庫の保存容器が、丸形の琺瑯から、中身が見えて、冷蔵庫に隙間なく入れられる、クリアガラスの角形を使うようになったり……。ささやかなアップデートを日々繰り返しています。

大きな変化のひとつは、愛猫クリムのこと。この本を作っている頃には、もう慢性疾患を患っていたのですが、五年の闘病を経て十二歳で旅立ちました。最後の一年半はリンパ腫になり、それでも、周りの方々のおかげで患っていることを忘れてしまうほど、亡くなる直前まで元気に過ごしていました。私も仕事をセーブしていつも傍《そば》にいる毎日の中、早起きして二時間かけて大学病院へ通ったことも、今では家族のいい思い出になっています。クリムをかわいがってくださった皆さまには、とても感謝しています。

もうひとつの大きな変化は、昨年長年暮らしていたマンションから、小さな一軒家に移り住んだことです。この五年の間に、お互いの家族や自分たちの暮らしかたなど、いろいろ感じることがあり、中古の戸建て住宅へ住み替えることを決めました。今も少しずつリフォームしながら、私たち色に家をしつらえているところです。この本でご紹介している布張りの椅子ももちろん一緒に越してきて、今まさしく張り替える生地を探している最中です。

変わらず花を飾っています。キッチンの片隅には、大輪のラナンキュラスを白い皿やライトとともに。

作りおきしたものを冷蔵保存するためのガラス容器。中身が見えるので、使い忘れがなくなりました。

穏やかで優しい愛猫そら。窓辺に座って外を眺めながら、木々に集まる小鳥を目で追うのが日課です。

毎日飲んでいるハーブティー。ルピシアのティーバックの詰め合わせを定期的に取り寄せています。

新しい家族を迎えて……

新居の荷物が片付いた頃、愛猫そらを家族に迎え入れたのも、幸せな変化のひとつです。ある日、保護活動をしている友人から、車通りの多いバイパス沿いにぽつんと座り込んでいる子猫を保護した、という連絡を受けました。これから先、クリムと同じくらい責任を持って大切に育てられるのかを、夫とじっくり考えてから家族にしようと決めました。キジトラのかわいい女の子。この本が出る頃には、たぶん一歳になっていると思います。

甘えん坊で、この冬ソファにもたれてパソコン作業をしているときにも、たまたま体操座りをしていたら、私の膝下に入って気持ちよさそうに寝てしまいました。それが随分気に入ったらしく、パソコンを立ち上げるとすぐに寄ってきて、私は毎日何時間も人間こたつ状態を続けて(笑)。三十年ほど続けてきた猫との暮らしでも、まだまだ新しい発見があるのだなあと思いながら、いつも癒されています。

そして、この一年は、新しい時間割をもらったような、どことなく落ち着かない日々の中、私の暮らしにも影響されることがたくさんありました。常々楽しみにしていた、友人や父とのささやかな食事会ができなくなったり、出かけることが少なくなったため、おしゃれをする機会も減ってしまったり。母や義母を家に迎えるのも、ままならなくなってしまいました。

ただ、悪いことばかりではありません。こんなときだからこそやりたいことをと、夫はとりたかった資格試験を受けたり、私はゆっくり荷物の整理をしたり、庭いじりを楽しんだり。今までよりも家族の時間が増えたのは、幸せなことでした。ふたりで家の周りを散策することで、長年慣れ親しんだ場所から移り住んでも、新しい環境に早く馴染むことができました。その気になれば、家でインプットできることもたくさん。率先してやることで、毎日が充実して感じられます。

こう振り返ると、五年の間の変化は大きいようにも感じますが、変わらないこともたくさんあります。暮らすことや、家事が好きなこと。日々、花を飾ること。夕食は夫と一緒に食べること。そして、「家族と幸せに暮らす」という私の生涯の目標も変わりません。日々、いろいろなことが押し寄せてくるけれど、それさえ叶えばすべてよし。そう思うと、どんなときでも気持ちがすっきりしてきます。

これから先もきっと色々な変化が待ち受けていることでしょう。自分自身や家族も当然変わっていきますし、世の中もまだまだ変わっていくかもしれません。そのたびに戸惑ったり、悩んだり、迷ったり。それでも、時が経てばどんな経験も自分の糧になると知ったから、以前よりもちょっとだけ強くなった気がします。大切な軸を守りながら、ときには柔軟に。私は私らしく、これからも日々の暮らしを大事に重ねていこうと思います。

二〇二一年春

内田彩仍

ブックデザイン　葉田いづみ
写真　中島千絵美
大森　今日子（P248、249、253）

本書は、2016年4月にマイナビ出版から刊行された作品を加筆・修正したものです。

著者紹介

内田彩仍（うちだ　あやの）

福岡県に夫と愛猫と暮らす。ナチュラルで丁寧な暮らしぶりやセンスある着こなしが女性誌やライフスタイル誌などで紹介され、人気を集める。主な著書に『幸せな習慣』（PHPエディターズ・グループ）、『家時間』（主婦と生活社）など多数。

PHP文庫　重ねる、暮らし

2021年6月14日　第1版第1刷

著　者　内田彩仍
発行者　後藤淳一
発行所　株式会社ＰＨＰ研究所
東京本部 〒135-8137 江東区豊洲5-6-52
PHP文庫出版部　☎03-3520-9617（編集）
普及部　☎03-3520-9630（販売）
京都本部 〒601-8411 京都市南区西九条北ノ内町11
PHP INTERFACE　https://www.php.co.jp/
組　版　有限会社エヴリ・シンク
印刷所
製本所　図書印刷株式会社

ISBN978-4-569-90133-6

PHP文庫

今日もていねいに。

暮らしのなかの工夫と発見ノート

松浦弥太郎 著

「見えないところをきれいに」「おいしいものはお裾分け」など、前『暮しの手帖』編集長が実践する、心ゆたかに暮らすための小さな習慣。